Ma

der

Kommunistischen Partei.

Veröffentlicht im Februar 1848.

Proletarier aller Länder vereinigt euch

London.

Gedruckt in der Office der „Bildungs-Gesellschaft für Arbeiter“
von J. E. Burghard
46, Liverpool Street, Bishopsgate.

Komünist Manifesto'nun çevirisinde
aşağıdaki Almanca kaynak esas alınmıştır:
Karl Marx ve Friedrich Engels,
Werke, C. 4, s. 459-493; Dietz Verlag Berlin, 1974.

İnternetten ulaşmak için bkz:
http://www.marxists.org/deutsch/
archiv/marx-engels/1848/manifest/index.htm

Önsözlere (İngilizce) internetten ulaşmak için bkz:
http://www.marxists.org/archive/marx/works/1848/
communist-manifesto/preface.htm#preface-1893

KOMÜNİST MANİFESTO

Karl Marx – Friedrich Engels

Almancadan Çeviren
Nail Satlıgan

Yordam Kitap: 180 • **Komünist Manifesto** • Karl Marx-Friedrich Engels
ISBN 978-9944-122-80-1 • *Çeviri:* Nail Satlıgan-Tektaş Ağaoğlu
Kapak ve İç Tasarım: Savaş Çekiç • *Sayfa Düzeni:* Gönül Göner
Birinci Basım: Mart 2013 • *İkinci Basım:* Ocak 2014 • *Üçüncü Basım:* Şubat 2015
Dördüncü Basım: Şubat 2016 • *Beşinci Basım:* Mayıs 2017
Altıncı Basım: Mart 2018 • *Yedinci Basım:* Mart 2019

Yordam Kitap Basın ve Yayın Tic. Ltd. Şti. (Sertifika No: 10829)
Çatalçeşme Sokağı Gendaş Han No: 19 Kat: 3 Cağaloğlu 34110 İstanbul
T: 0212 528 19 10 • **W:** www. yordamkitap. com • **E:** info@yordamkitap.com
www.facebook.com/YordamKitap • www.twitter.com/YordamKitap

Baskı: **İnkılap Kitabevi Baskı Tesisleri** (Sertifika No: 10614)
Çobançeşme Mah. Altay Sok. No: 8
Yenibosna - Bahçelievler / İstanbul
Tel: (0212) 496 11 11

KOMÜNİST MANİFESTO

İÇİNDEKİLER

Sunuş

David Harvey

1848 tarihli *Komünist Manifesto* derin kavrayışlarla dolu, zengin anlamlar içeren ve siyasal olasılıklarla yüklü olağanüstü bir belgedir. Dünyanın her yanında milyonlarca insan –köylüler, işçiler, askerler, aydınlar ve her türden meslek sahipleri– yıllar boyunca ondan etkilenmiş ve ilham almıştır. Bu belge yalnızca kapitalizmin dinamik siyasal-ekonomik dünyasını daha kolaylıkla anlaşılabilir kılmakla kalmamış, yaşamın her alanından milyonlarca kişiyi tarihin çizgisini değiştirme, ortak çabayla dünyayı daha iyi bir yer yapma amacını güden uzun, çetin ve sonu gelmez gibi görünen siyasal mücadeleye aktif olarak katılmaya yöneltmiştir. Ama şimdi *Manifesto*'yu yeniden yayınlamak niye? Etkileyici söylemi bir zamanlar olduğu gibi yine büyüsünü devam mı ettiriyor? Geçmişten gelen bu ses şimdi hangi bakımlardan bize hitap edebilir? Sınıf mücadelesine katılmaya çağıran bu cezbedici ses hâlâ bir anlam taşıyor mu?

Marx ve Engels'in 1872 basımının Önsöz'ünde yazdıkları gibi, daha o zamandan kilit bir tarihsel belge haline gelmiş bir şeyi değiştirme hakkımız olmayabilir, ama içerdiği anlamları derinlemesine düşünme ve gerekirse yeniden yorumlama, önerilerini sorgulama ve her şeyden önce, ondan çıkardığımız sonuçları uygulamaya koyma hakkımız ve siyasal yükümlülüğümüz vardır. Elbette, Marx ve Engels'in uyardığı gibi, "ilkelerin pratiğe uygulanması", *Manifesto*'nun da her yerde ve her zaman belirttiği gibi, o anda var olan tarihsel koşullara" (ben buna coğrafi koşulları da eklerdim) "bağlı olacaktır". Şimdi 2008 yılındayken, dönem dönem tekrarlanarak, *Manifesto*'nun belirttiği gibi, "her seferinde bütün burjuva toplumunun varoluşunu daha da korkutucu bir biçimde tehdit eden" o ticari bunalımlardan birinin tam ortasında olduğumuz kesindir. Gıda fiyatları denetlenemez biçimde yükseldikçe her yerde özellikle de daha yoksul ülkelerde gıda isyanları patlak veriyor. Bu nedenle, *Manifesto*'nun günümüzle ilintililiğini yeniden değerlendirmek için koşullar elverişli görünüyor. İlginç biçimde, *Manifesto*'da reform için yapılan en ılımlı önerilerden birisi –kredilerin devletin elinde toplanması önerisi– ABD Merkez Bankası'nın, Avrupa Merkez Bankası'nın ve diğer önde gelen kapitalist devletlerin merkez bankalarının dünya finans sistemini kurtarmak için ortaklaşa yaptıkları girişimler sayesinde neredeyse gerçekleşmek üzere görünüyor (İngilizler önde gelen bankalarından birisi olan sorunlu Northern Rock'ı sonunda kamulaştırdılar). Öyleyse, eşit ölçüde ılımlı ama tümüyle mantıklı diğer önerilerden bazıları –örneğin, devlet okullarında tüm çocuklara parasız (ve iyi) eğitim verilmesi; herkese eşit çalışma yükümlülüğü; şimdi bizi kuşatan dudak uçuklatıcı sosyal ve ekonomik eşitsizliklerden kendimizi kurtarmamız için ağır bir artan oranlı ya da tedrici gelir vergisi– niçin benimsenmesin? Ve belki, kişisel miras hakkının kaldırılması önerisine uysaydık, hem üretkenliğini hem de büyüleyiciliğini koruyan doğal bir dünyanın yanı sıra onurlu bir yaşam ve çalışma ortamını çocuklarımıza ortak miras olarak bırakmaya daha büyük dikkat harcayabilirdik.

Öyleyse, Ocak 1848'in kasvetli günlerinde Brüksel'de hazırlanan bu metni alıp lazer ışınlı bakışını Londra'da ve Leeds'de, Los Angeles'ta ve New Orleans'ta, Şangay'da ve Şenzen'de, Buenos Aires'te ve Cordoba'da, Johannesburg'da ve Durban'da ... fiilen var olan kendi durumumuz üstüne odaklayalım. İşte, 31 Ocak 2008 günü parlak ışıklarla aydınlatılmış New York kentindeyim –Marx'ın *Manifesto*'ya son rötuşları yaptığı günden neredeyse 160 yıl sonra–, bu elden hiç düşmeyen metne yeni bir giriş yazmak için oturuyorum. Geçmişte ve günümüzde mükemmel bir yetkinlikle kaleme alınmış pek çok girişin var olduğunu bilerek bunu yapıyorum. Ama yakın tarihte yazılmış olanların çoğu, bana kalırsa, *Manifesto*'yu zamanı çoktan geçmiş, öngörüleri ya hatalı ya da bizim daha incelikli değilse bile daha karmaşık zamanımızla ilintili kılınması en azından son derecede tartışmalı olan salt bir tarihsel belge olarak görüyor. Metnin bariz eksikliklerine ve şimdi siyasal açıdan doğru sayılan şeylerle ilgili aynı ölçüde bariz yanılgılarına bahane bulmaya çalışmıyorsak, yapabileceğimiz en iyi şey anlatımına hayran kalmak, yaptığı göndermelere açıklayıcı notlar düşmek, özümsediği ve yansıttığı etkilerin izini sürmek ve özündeki siyasal mesajı ya geçmişi özleyen bir solcu nostalji battaniyesinin altına ya da bir yığın akademik dipnotun içine gömmektir. Reel komünizmlerin 1989'dan sonra çökmesi ve iktidarda kalan komünist partilerin de, Çin'de ve Batı Bengal'de olduğu gibi, acımasız derecede sömürücü bir kapitalizmin aracılarına dönüşmesi,

Manifesto'nun doğurup beslediği siyasal geleneğin üstüne gerçekten ağır bir örtü örtmüştür. Tüm o sancılı tarihten sona kim bir komünist manifestoya ihtiyaç duyar ki?

Ama çevremize bakalım, neler görüyoruz? Burada New York kentinde Wall Street kâr paylarının bilançosu henüz çıkarıldı: dünyanın finans sistemini allak bullak ederek, şimdi en az 200 milyar ABD doları olduğu tahmin edilen, günden güne de artan (bazıları, örneğin Uluslararası Para Fonu, her şey bitinceye kadar kayıpların trilyon doları bulacağını söylüyorlar) finansal kayıplara yol açan yatırım bankacıları için tastamam 33.2 milyar ABD doları (bir önceki yıla göre sadece birazcık daha az). Bankacılar (Merrill Lynch, Citicorp ve şimdi kapatılmış olan Bear Stearns gibi saygı uyandıran adlarıyla) ilk kez 2007 yazında zorluklarla karşılaştıkları zaman, dünyanın merkez bankaları (ABD Merkez Bankası'nın önderliğinde) alelacele muazzam miktarlarda kısa vadeli krediler açtılar ve sonra bunları güvenceye almak için faiz oranlarını düşürdüler. Bu arada, sıkıntının kaynağında ABD'deki dar gelirlilere verilen ipotekli konut kredisi bunalımı yatmaktadır; bu bunalımda, hiçbir yerden yardım alamadan (ABD Kongresi'nin birkaç gecikmiş ve büyük ölçüde sembolik destek jesti ve finansal kurumların ve anlaşılabilir bir şekilde endişeli yerel yönetimlerin sağladığı sosyal yardımlar dışında) şimdiden 2 milyona yakın kişi konut kredisi borçlarını ödeyemediği için evini kaybetmiştir (birçoğu da sıradadır). İlk başlarda ipotekli kredi iptalleri ağırlıklı olarak ABD kentlerinin daha yoksul kesimlerindeki düşük gelirli Afrika kökenli Amerikalılar ve kadınlar arasında (özellikle tek kişilik hanelerde) yoğunlaşmıştır; geriye, tümüyle mahvolmuş semtlerde pencereleri tahtalarla kapatılmış ve yağmalanmış bir yığın ev kalmaktadır. ABD'nin birçok kentini sanki bir "finansal Katrina" kasırgası vurmuş gibi bir görüntü oluşmaya başlıyor. "Her şeyin aşırı çok olduğu", "fazla üreten" ve aşırı spekülasyon yapan toplum düpedüz dağılmış ve her zaman olduğu gibi, "geçici bir barbarlık durumu"na geri dönmüştür. Bizi bu hengameye sürükleyen şirket başlarının bazıları işini kaybetmiştir. Ama iyi günlerde kazanmış oldukları milyonlarca dolardan geriye bir şey ödemek zorunda değildiler ve bazıları, koltuktan indiklerinde inanılmaz derecede cömert erken ayrılma tazminatları (altın tokalaşma) aldılar – örneğin, Merrill Lynch'ten Stan O'Neal'a 161 milyon dolar ve Citicorp'tan Charles Prince'e 40 milyon dolar ödendi (batık İngiliz bankası Northern Rock'ın başı 750.000 sterlinle ayrıldı). İpotekli kredisi iptal edilenlere ise fazladan vergi tahakkuk ettirilmiştir, çünkü bir borcun affedilmesi kazanç olarak değerlendirilmektedir. Sınıfsal yaralanmaya bir de hakaret ekleyecek biçimde, şimdi anılan adıyla "ipotekli kredi iptal fabrikası"nda çalışan şirketler ve avukatlar çok güzel kazanç elde ediyorlar. Sınıf farklarının (genellikle olduğu gibi, ırkla ve cinsiyetle inceden inceye dokunmuş farkların) postmodern zamanımızın sosyalliğiyle ilintili olmadığını kim söylemişti?

Manifesto'nun çağdaş bir yorumunu böylesine şaşırtıcı kılan budur, çünkü *Manifesto*'nun anlattığı dünya hiçbir şekilde gözden kaybolmamıştır. Ne de olsa, açgözlülüğün, bencilliğin, rekabetçi bireyciliğin, kim ya da ne pahasına olursa olsun her türlü kısa dönem kazancı yağmalama şehvetinin her dönemeçte çevremizi kuşattığı bir turboşarjlı kapitalizm dünyasında yaşamıyor muyuz? Marx ve Engels'in gözlemledikleri gibi, kapitalizm "üretim araçlarını, dolayısıyla üretim ilişkilerini ve bunlarla birlikte bütün toplumsal ilişkileri durmadan devrimcileştirmeksizin var olamaz" (tüketim ilişkileri de bunlar arasındadır). Bunun sonucunda sürekli olarak "toplumsal koşulların aralıksız sarsılışı" ve beraberinde getirdiği "bitmek bilmeyen bir belirsizlik ve çalkantı" kişisel ve yerel ekonomik varlıklarda inanılmaz bir uçuculuk yaratır (endemik finansal bunalımlara ve hisse senedi değerlerindeki baş döndürücü hareketlere hiç değinmeyelim). Ücretlerin "gitgide daha çok dalgalanması" ve geçim olanaklarının "gitgide daha çok istikrarsızlaşması" sonucunda, kişisel güvensizlikler (işle, sosyal tedarikle, emekli maaşlarıyla ilgili) ve ortak kaygılar (bizi tehdit eder görünen başkalarıyla ilgili) çoğalarak, göçmenlere, muhaliflere ve farklı görünen ya da davranan herkese uygarca muamele edilmesine elverişsiz bir hava oluşturur. "Katı olan her şey"in sürekli olarak "buharlaşıyor" gibi görünmesine şaşmamak gerekir. Şirketsel sermayenin her yere yayılmış gücü ve nüfuzu, bize hakikati söylediğine o zamana kadar güvendiğimiz "her faaliyeti" –paralıların çıkarlarına hizmet eden bütün o satılmış siyasetçiler şöyle dursun, profesörlerin, alimlerin ve medya gurularının yanı sıra, "hekimi de hukukçuyu da rahibi de şairi de bilim adamını da"– çevreleyen "haleyi söküp atmayı" sürdürmüyor mu? Kültür dediğimiz şeyin ne büyük ölçüde "bir makine" (ya da günümüzde bir elektronik cihaz) "olarak hareket etme" (ya da kendini ona eklemleme) "eğitiminden başka bir şey olmadığı"nı ve duygusallar tarafından uygar bir toplumun sağlam kalesi olduğu savunulan ailenin, pek çok ikiyüzlülüğe bulaştırılmadığı zaman bile, "basit bir para ilişkisine indirgendiği"ni belirtmek hazin değil midir? İnsanlar arasında "çıplak kişisel çıkardan, katı nakit ödemeden başka hiçbir bağ"ın olmadığı, insanların salt birer nesne ve pazarda birer mal olarak görüldüğü, çoğumuzun çalışarak başkalarına servet kazandırdığımız bir dünyada birazcık yabancılaşmış olmaktan daha fazlasını da hissetmiyor muyuz? Emeğin büyük ölçüde "çekiciliğini yitirdiği" ve üretim ilişkilerinin salt "despotik" hale geldiği ve gittikçe, odacıdan bankacıya kadar hepimizin, toplumsal ya da çevresel sonuçlardan en ufak bir kaygı bile duymaksızın körü körüne yoluna devam ederek gitgide genişleyen ve durmaksızın hızlanan bir kapitalist birikim makinesinin basit birer eklentileri olarak konumlandırıldığımız bir dünya hakkında ne diyebiliriz? En büyük üretim kapasitesinin, harikulade ulaşım ve iletişim olanaklarının, herkese onurlu bir yaşam ve daha güvenli bir gelecek sağlamak üzere elbette kullanılabilecek olan bilimsel-teknik anlayışların tam ortasında bütün bunların gözlenmesi hayret verici değil midir? Son olarak, bunları mazur gösterenlerin ve siyasetçilerin defalarca vaat ettiği özgürlüğün ve serbestliğin "bir tek, acımasız özgürlük – serbest ticaret yapma özgürlüğü" ile birleşmiş piyasa özgürlüğünden ve (ödeme gücüne bağlı olarak) piyasa seçimi özgürlüğünden başka bir anlama gelmediğini kavramak derinden yaralayıcı değil midir?

Komünizmin öldüğü ilan edilebilir, ama şiddetli, gaddarlaşan ve sürekli devrim yapan bir kapitalizm serpilmeye devam ediyor. Marx ve Engels *Manifesto*'da o kapitalizmin ne olduğunu ve temel olarak neyi ifade ettiğini ve nasıl ortaya çıktığını gözlerimizin önüne sermenin parlak bir yolunu buldular. Bunu yaparken, yalnızca kapitalizmin sınıfsal baskılarına ve yaratıcı yıkım hırsına direnmede kullanılmakla kalmayıp, bütün dikkate değer kazanımlarıyla (Marx ve Engels'in kendi zamanlarında serbestçe kabul ettikleri ve kesinlikle bizim de kendi zamanımızda daha bile fazla kabul etmemiz gereken kazanımlarıyla) kapitalizmi kökten farklı ve çok daha insanca bir şeye dönüştürmenin yolunu aydınlatmada da kullanılacak ilham verici bir dil geliştirdiler. Bu acımasız sistemin sınıfsal karakterini dikkate alarak, bu dönüştürme projesine katılmanın tek yolunun sınıf mücadelesi politikası yürütmek olduğunda ısrar eden açık, mantıklı ve belirgin bir adım da attılar. Anlattıkları ürkütücü koşullar yıllar boyunca iyileşme göstermişse ve tanımladıkları durumlar bugün tam olarak geçerli değilse, o zaman önünde diz çökmemiz gereken şey, 1848'den beri süren halk direnişinin ve sınıf mücadelesinin görkemli tarihidir.

Dahası, Pittsburgh'da, Sheffield'da ve Essen'de işten çıkarılmış çelik işçilerinin ya da Manchester, Mumbai, Mulhouse ve Güney Carolina fabrikalarında bir zamanlar güvenceli şekilde istihdam edilen tekstil işçilerinin aşağıdaki paragrafı okuyunca nasıl da tanıdık bir durumla karşılaşmanın şokunu yaşayacaklarını düşünün:

> Köhne ulusal sanayiler yıkılmıştır ve günden güne yıkılmaktadır. Bunların yerini kurulmaları bütün uygar uluslar için bir ölüm kalım sorunu hâline gelen yeni sanayiler, artık yerli ham maddeleri değil de en uzak yerlerden getirilen ham maddeleri işleyen ve ürünleri yalnızca ülke içinde değil, aynı zamanda bütün kıtalarda tüketilen sanayiler almaktadır. Ülke içinde üretilen malların karşılayabildiği eski ihtiyaçların yerini uzak ülke ve iklimlerin ürünlerini zorunlu kılan yeni ihtiyaçların aldığı görülmektedir. Eski yerel ve ulusal kendi kendine yeterliliğin ve içe kapanıklığın yerini çok yönlü ilişkiler, ulusların çok yönlü karşılıklı bağımlılığı almaktadır....
>
> Burjuvazi bütün üretim araçlarının hızla iyileşmesi, iletişimin son derece kolaylaşması sonunda bütün ulusları, hatta en barbarlarını bile uygarlığın bağrına çekiyor. Burjuvazinin me-

talarının ucuz fiyatları bütün Çin setlerini yerle bir eden, barbarların yabancılara karşı duyduğu alabildiğine inatçı nefreti zorla dize getiren ağır toplardır. Burjuvazi bütün ulusları yok olup gitmemek için burjuvazinin üretim tarzını benimsemek zorunda bırakıyor; bütün ulusları kendisinin uygarlık dediği şeyi kabullenmek, yani burjuva olmak zorunda bırakıyor. Açıkçası burjuvazi kendi suretinde bir dünya yaratıyor.

Elbette bugünlerde duvarlarımızı yerle bir edenler Çin'den gelen mallardır, çünkü uzak ülkelerden ve iklimlerden getirilmiş ürünlere yönelik tüm o yeni ihtiyaçlarımızı doyurma arayışıyla ("Çin Malı" etiketli ürünlerin ağır bastığı) Wal-Mart mağazasına alışverişe gideriz. *Manifesto*'nun şimdi küreselleşme dediğimiz (kıyı bankacılığını, sanayisizleşmeyi ve küresel karşılıklı bağımlılığı da beraberinde getiren) olguyla ilgili öngörülü tanımlaması kapitalizmin tarihsel coğrafyası içinde 1848'den günümüze uzanan belirli bir sürekliliği düşündürüyor. Bu arada ulus devletler, şirketsel kapitalist gücün artan merkezileşmesi ve nüfusun çoğalması karşısında, güçlü uluslararası kurumların (örneğin, Uluslararası Para Fonu'nun) desteklediği Dünya Ticaret Örgütü, NAFTA ve Avrupa Birliği gibi uluslararası anlaşmalar yoluyla oyunun kapitalist kurallarının ağına daha da fazla düşüyorlar. Bu güçlerin hepsi, bir yandan ticaret engellerini ortadan kaldırırken bir yandan da özel mülkiyet ve kâr oranı hakkını düşünebileceğiniz bütün diğer insan hakkı biçimlerinden üstün kılan bir hukuk kuralını yerleştirip güçlendirmek üzere gizlice anlaşmışlardır. Devletler ve sanayi bölgeleri (Bavyera, Silikon Vadisi, İnci Nehri deltası, Bangalor) arasındaki yarışma kapitalist sömürü mantığını pekiştiriyor ve kapitalist değerleri, günümüzde de belirgin olarak neoliberal değerleri ruhlarımızın gitgide daha derinliklerine kazıyor. Tüm bunlar sonuçsuz kalırsa, önde gelen emperyalist devletlerin güçleri şirketsel gündemi dünyaya şiddet kullanarak dayatacak biçimde konuşlandırılıyor (ABD işgalinin ilk evrelerinde Irak'a dayatılan anayasayı inceleyin). Bu tür şiddetin yeni olduğunu ya da George W. Bush'a ve onun şimdi gözden düşmüş, halinden hiç memnun olmayan neo-muhafazakâr teorisyen tayfasına özgü olduğunu zannetmeyelim diye, ABD'nin o arketip liberal başkanı Wilson'ın 1919'da söylediklerini düşünelim:

> Ticaret ulusal sınırları umursamadığı ve imalatçı dünyayı kendisi için pazar yapmakta ısrar ettiği için, ülkesinin bayrağı onu izlemelidir ve ona karşı kapalı olan ülkelerin kapıları yerle bir edilmelidir. İsteksiz davranan ulusların egemenliği bu süreçte ayaklar altına alınsa bile, finansörlerin elde ettikleri ayrıcalıklar devlet bakanları tarafından korunup kollanmalıdır. Dünyanın kullanılabilecek hiçbir köşesinin gözden kaçırılmaması ya da kullanılmadan bırakılmaması için sömürgeler elde edilmeli ya da kurulmalıdır.[1]

Kapitalizmin küreselleşme ve dünya pazarını kurma yolunda 1848'e kadar katetmiş olduğu mesafe, elbette, o zamandan beri atılmış muazzam adımların yanında çok küçük kalır. Öyleyse Marx ve Engels kehanet türünden böyle bir belgeyi nasıl hazırlayabildiler? O zamanlar kapitalist bunalımın ve sosyal devrimin Avrupa çapında toplanmakta olan fırtına bulutlarının tamamen farkında olan Marx ve Engels, kendilerini komünist olarak adlandıranların oluşturduğu Avrupa çapında ve esasen gizli bir hareket için bir manifesto kaleme almakla görevlendi-

---

1 Alıntı yapan N. Chomsky, *On Power and Ideology*, Boston, South End Press, 1990, s. 14.

rildiler. O zamanlar hiç kimse komünizmin ne anlama gelebileceği konusunda açık bir fikre sahip olmadığı için, oluşum halindeki hareketin misyonunu yaratıcı bir biçimde tanımlamak için kapı açıktı. Marx'ın ekonomi politikle (esasen İngiltere) ve ütopyacı sosyalistlerin aydınlatıcı yazılarıyla (Robert Owen da önemli olmasına karşın esasen Fransa) ilgili eleştirel çalışmaları kapitalist gelişimin ardındaki temel itici güçlerin niteliği konusunda onu uyandırmıştı ve bu, Engels'in Manchester sanayiciliğine ilişkin (*İngiltere'de Emekçi Sınıfların Durumu* adlı kitapta 1844'te ortaya koyduğu) ilk elden bilgileriyle birleşince, her şey Manchester'daki gibi bir hal alırsa, ve hiçbir direniş olmazsa kesinlikle öyle olacaktı, dünyanın neye benzeyeceği konusunda her ikisinin de bir görüş yakalamalarına olanak verdi.

Marx (Engels'in anlattığına göre metne son biçimini o verdiği için) kapitalizmin ne olduğu ve hâlâ temel olarak neyi ifade ettiği, nereden geldiği, potansiyellerinin neler olduğu ve zenginliği yaratanlardan, emekçi sınıflardan tutarlı bir muhalefet gelmezse nereye gidebileceği konusundaki kavrayışların parlak bir sentezini, özlü bir tanımlamasını hemen kavranabilen ve en yalın ifadelerle yaptı. Şimdi İnci Nehri deltasına (40 bin kadar işçiyi istihdam eden fabrikalara), Meksika'nın makuila kuşaklarına, Bangladeş'teki elbise fabrikalarına, Filipinler'in dikiş atölyelerine, Vietnam'daki ayakkabı imalatçılarına, Brezilya ve Orissa madenlerine gidip, yanlış olduklarını söyleme cüretini gösterin!! Küresel ücretli emek gücüne, geçen 20 yılda iki milyar proleter eklenmiştir – Çin'in açılması, eski komünist blokun çökmesi ve tüm Latin Amerika ile Afrika'nın yanı sıra Hindistan'da ve Endonezya'da eskiden bağımsız olan köylü nüfuslarının katılması bunda belirleyici bir rol oynamıştır. Hiçbir kural tanımayan şirketler kapitalizmi son 30 yılda yeniden ortaya çıkarak bu durumdan yararlanmıştır. Çin'de, Bangladeş'te, Endonezya'da, Guatemala'da ve Vietnam'da, felaket çalışma koşullarına ilişkin çağdaş anlatımlar Marx'ın *Kapital*'indeki "İş Günü" bölümüne yerleştirilebilirdi, kimse de farkı anlayamazdı. Ve en azgın sömürü biçimleri, çoğu kez olduğu gibi, kadınların ve renkli derililerin sırtlarına yüklenir. Bu arada, ilerlemiş kapitalist ülkelerde, güçlü sanayi kuruluşlarında çalışan sendikalı işçiler gibi bir zamanlar gurur verici konumlarda bulunanlar, toplulukları tümüyle yıkıma uğratan ve bir zamanlar tekstil endüstrisinin hızla geliştiği Mumbai'nin yanı sıra, Detroit, Baltimore, Sheffield ve Essen gibi kentlere, sanayi kapitalizminin o belirli biçimiyle bir zamanlar yürütülen hem zalimce hem de muzaffer sınıf savaşının anılarını barındırmak için belki bir sanayi müzesi de içeren rezidanslara, kumarhanelere ya da alışveriş merkezlerine dönüştürülmeyi umutla bekleyen boş fabrikaların ve depoların oluşturduğu bir miras bırakan sanayisizleşme süreçlerinin yarattığı enkazın tam ortasında yaşıyor halde buldular kendilerini.

O halde, bu yıkımlara direnmenin tek yolunun sınıf mücadelesi vermek olduğu ve bunu yapmak için dünya işçilerinin birleşmesi gerektiği şeklindeki apaçık çıkarıma bugün ne anlam veririz? "Sınıf mücadelesi", kabul edileceği gibi, pek çok çeşitlemeyi saklayan genel bir terimdir. Farklı yerlerde ve zamanlarda bunun kesin olarak ne anlama geldiğine ilişkin gerekli analizi yapmaksızın bu ifadeyi basitçe papağan gibi yinelemek Marx ve Engels'in bize miras bıraktığı analitik tarihsel maddecilik geleneğine saygısızlık etmektir. Sınıflar her zaman oluşum ve yeniden oluşum sürecinde bulunur ve Marx ile Engels bir yandan burjuvazi ile proletarya arasında büyük bir kutuplaşmanın oluşması yönünde bir eğilim saptadıklarını düşünürlerken, öte yandan da geçmiş sınıf biçimlerini parçalayan ve adım adım dağıtan güçler algıladıklarını da düşündüler. Elbette bugünlerde Batılı Marksistler işçi sınıfının yok olmasından yakınmayı alışkanlık edinmişlerdir. Ama basitçe olan biten şey, teknolojik değişmelerin, hizmet ekonomisi ve yaygın sanayisizleşme yönündeki eğilimin Batılı Marksistlerin yaşadıkları ülkelerde geleneksel işçi sınıfı kurumlarını ciddi biçimde zayıflatmış olmasıdır, oysa kitlesel proleterleşme süreçleri başka yerlerde devam etmektedir. Bu nedenle, zamanımızda, tüm Latin Amerika'nın, Ortadoğu'nun ve Afrika'nın yanı sıra Çin'de, Endonezya'da, Hindistan'da, Vietnam'da ve eski Sovyet Blokunda meydana gelen sınıf oluşumu ve yeniden oluşumu süreçlerine dikkat göstermemiz zorunlu hale gelmektedir. Bugünlerde, daha önce yapmışsak bile, sınıf oluşumunun ulus devletlerle sınırlı kaldığını da farz etmemeliyiz, çünkü göç akımları içinde hareket eden ve diasporalar oluşturan işçiler arasındaki sınır-aşırı ve hatta ulus-aşırı ilişkiler, şimdi birçoklarının neredeyse tanımı gereği ulus-aşırı saydığı bir kapitalist sınıf içinde gözlenen ilişkiler kadar girifttir. Ekonomik durumu doğru ölçmek ve zamanımızın siyasal olasılıklarını doğru hesaplamak istiyorsak en büyük dikkatle analiz etmemiz gereken türden durumlar ve süreçler bunlardır.

Üretim araçlarına erişim ve onları denetleme olanağından çok uzun süredir yoksun oldukları için emekçi sınıfların bir vatan talebinde bulunamayacaklarını (ya da bulunmamaları gerektiğini?) savunmayı Marx ve Engels de severdi. Ama onların zamanında bile, *Manifesto*'nun sonlarına doğru ifade ettikleri gibi, ulusal farklar açıkça bir anlam taşıyordu. Hem burjuva hem de işçi sınıfı gücünün eşitsiz coğrafi gelişiminin söz gelimi İngiltere'de, Fransa'da, Polonya'da, İsviçre'de ve Almanya'da farklı siyasal mücadele koşulları yarattığını kavradılar. Bu şimdi de böyledir. Yatırım çekme yarışı içinde bile olsa, ülkeler ülkelere karşı, bölgeler bölgelere karşı, kentler kentlere karşı mevzilenir ve iş için kıvranan işçiler, çok hareketli olan çok uluslu sermayenin şehre gelmesi ya da orada kalması için tatlı sübvansiyonlar sunan projelere ve kalkınma paketlerini ilerletecek yerel ittifaklara destek vermek zorunda kalırlar. Ve kapitalistler, yerel işçilerin yüz yüze olduğu tüm problemlerden dolayı göçmenleri, dış rekabeti ve hor gördükleri başkalarının "medenileşmemiş" alışkanlıklarını suçlayarak, üretim atölyelerindeki acımasız sömürüdeki hain rollerini dikkatlerden kaçırabildikleri ölçüde, çalışan sınıfların beklenen birliği çok daha zorlaşır. Yalnızca ulusal farklılıkları değil, etnik, cinsel ve dinsel farklılıkları da istismar eden böl ve yönet taktikleri kaçınılmaz şekilde meyvesini verir ve genellikle de sınıf mücadelesinin küresel dinamiği içinde birleşmeden çok, bir karşılıklı dışlama politikasının kışkırtılmasıyla, hatta siper almasıyla sonuçlanır.

Dahası, başlarken değindiğim Wall Street kâr payları ve ipotekli ev kredisi iptalleri örneğinin gösterdiği gibi, sınıf mücadelesi alanı fabrikaların çok ötesine uzanarak herkesin gündelik yaşamının ücra köşelerine kadar girer. İpotekli ev kredisi iptalleri dalgasının beraberinde getirdiği (ırkçılık ve cinsiyetçilik yoluyla ifade edilen) sınıfsal şiddet bundan daha açık seçik olamazdı. *Manifesto*'nun teslim ettiği gibi, yaşamaya yetecek kadar ücret kazanmayı uman işçiler, bir başka sömürü çarkı için bu kez de "burjuvazinin başka kesimlerinin, toprak sahiplerinin, mağazacıların, rehincilerin" ve eklememiz gerekir ki, kredi efendilerinin "hücumuna uğrar". Ne var ki, bu türden yağmacı etkinlikler kapitalizmin tarihsel ortaya çıkışında birincil rol oynamıştır. Dünyanın yalnızca gümüşünü ve değerli metallerini soymakla kalmayıp, "uzak ülkelerde ve iklimlerde" her türden diğer sosyal koşullar altında üretilmiş emek ürünlerini de soyanlar, tüccar kapitalistlerdi. Feodal gücün altının oyulmasına ve böylelikle muazzam bir maraba ordusunun ücretli emek gücüne katılmasına yardımcı olanlar tefecilerdi. Ama bu "ilkel birikim" sanayi kapitalizminin yükselişiyle durmadı. Emperyalizmin, sömürgeciliğin ve yeni sömürgeciliğin yağmaları günümüze kadar sürüyor; özellikle küresel kapitalizmin merkez bölgelerinde (gerçi şimdi Meksika, Çin, Rusya ve Hindistan gibi ülkelerin de kendi milyarderleri vardır) kapitalist sınıfların durmaksızın artan zenginliğini desteklemek için, dünyanın geriye kalan bölgelerinin çoğunun değerlerini, kültürel ve doğal kaynaklarını soyuyor. Dünyanın en ücra bölgelerini soymakla tatmin olmayan şirketsel kapitalistler ve finansçılar, ipotekli ev kredisi iptalleri örneğinin gösterdiği gibi, kendi bölgeleri içinden zenginlik gasp etmek için son derecede isteklidirler (ABD'de ve Avrupa'da işçiler yalnızca evlerini kaybetmekle kalmayıp, güçlükle kazandıkları emeklilik ve sağlık hizmeti haklarını da kaybederken olan bitenlere bakmak yeter). "Mülkiyetsizleştirme yoluyla birikim" olarak adlandırdığım bu süregiden yağmacı uygulamalar her yerde görülüyor ve orada özvarlık kayıplarına karşı, şurada çevrenin ve kaynakların bozulmasına karşı, başka bir yerde apaçık hırsızlığa, dolandırıcılığa, şiddete dayalı soyguna karşı muazzam çeşitlilikte mücadelelerin kıvılcımını çakıyor.[2]

2 D. Harvey, *A Brief History of Neoliberalism*, Oxford, Oxford University Press, 2005.

Mücadele farklılıkları ve çeşitlilikleri elle tutulur olmakla birlikte, Marx ve Engels'in ısrarla belirttikleri gibi, farklı yazgılarımızın ve bahtlarımızın altında yatan ortak yönleri tanımak zorundayız. Kapitalizmin temel mahiyetinin ve içinde gizil olarak barındırdığı dönüşüm olanaklarının siyasal olarak farkına varmamız belirleyici önem taşır. *Manifesto*'nun böylesine inandırıcılıkla ele aldığı siyasal görev işte budur. Marx ve Engels köklü ve dönüştürücü değişimin merkezî etkeni olarak tekrar tekrar proletaryaya geri dönüyorlarsa, bugün de 1848'de olduğu kadar güçlü biçimde geçerli olan çok özgül iki analitik nedenden dolayıdır. Birincisi, kapitalistlerin sürekli olarak peşinden koştukları kârın nihai olarak üretim eyleminde canlı emeğin sömürülmesi yoluyla artık ürün ve artık değer (kâr) üretimine dayandığı yalın gerçeğinde yatar. Ama bu merkezî konumlarından dolayı işçiler kapitalist sistemi durdurma ve böylece onu kökten değiştirme potansiyeline de sahiptirler, çünkü sistemi yürüten güç yalnızca ve ancak onların emeğidir.

Hiç kuşkusuz, dikkatleri mücadelenin bu merkez noktasından saptıran her türden başka mücadeleler etrafımızda sürmektedir. Fazlalığın, örneğin finansçılar, tüccarlar, sanayiciler, toprak sahipleri, hizmet sağlayıcılar, devlet vb. arasında nasıl dağıtılabileceğiyle ilgili olarak kapitalist sınıf içinde hiç dinmeyen bir gerginlik vardır. Şu ya da bu kesimin aşırılıklarını kısmak için zaman zaman büyük reformların yapılması gerekir (örneğin, şimdiki konjonktürde finansçıların yasal düzenlemelerle dizginlenmesi gerektiği açıktır). Çalışan sınıflar içindeki kesimler arasında da sanayi, tarım, hizmet ve devlet çalışanlarının birbirlerine karşı cephe aldıkları benzer mücadeleler vardır; geçimini sağlamaya ve işini korumaya yönelik umarsız bir arayışla, örneğin, ABD'li işçileri Çinli işçilere karşı cephe aldıran kışkırtılmış milliyetçi ve etnik farklılıklara hiç değinmiyorum bile. Sermaye birikiminin farklı coğrafi bölgeleri (kentler arası yarışmadan tutun da bölgesel sınıf ittifaklarına ve Avrupa Birliği, Doğu Asya, NAFTA, Mercosur gibi ulusal üstü gruplaşmalara kadar aklınıza ne gelirse) arasındaki jeoekonomik ve jeopolitik çatışmalar da dönem dönem patlak vererek mücadelenin diğer boyutlarını perdeler. Ama eninde sonunda, Marx ve Engels'in mantıksal olarak sonuca bağladığı gibi, sistemi kökten değiştirebilecek biricik sınıf mücadelesi biçimi, genelde başkalarının, özelde ise kapitalist sınıfın zenginliğini üreten ve proletarya olarak tanımlanan tüm insanların önderliğindeki sınıf mücadelesidir.

Öyleyse bu, örgütlenmeyle ilgili zor bir soru çıkarır ortaya: Dünyanın her yanına yayılmış, tamamen farklı koşullar altında çalışan bütün bu proleterler nasıl bir araya gelerek dünyayı değiştirebilirler? *Manifesto*'da bu noktaya ilişkin bazı ilgi çekici fikirler vardır. Marx ve Engels'in belirttikleri gibi mücadele, yabancılaşmış bireyin tam olarak nasıl –çağdaş kadın hakları savunucularının meşhur ettikleri sloganı kullanırsak– kişisel olanın siyasal olduğunu anlamasıyla başlar. Soygun, baskı ve sömürü karşısında sessiz kalmak bir seçenek değildir. Fabrikalarda, tarlalarda, ofislerde ve kurumlarda toplanmış olan bireyler bir araya gelirler ve hoşnutsuzluklarının, düş kırıklıklarının ortak kaynakları konusunda ortaklaşa bir anlayış geliştirirler. Buradan başlayarak, çeşitli deneyimlerinin özünde yatan sınıf kimliğini algılarlar ve bu ortak temelde, ortaklaşa savlar, ortaklaşa talepler dile getirmeye başlarlar. İsteklerinin, ihtiyaçlarının ve yaratıcı arzularının yerine getirilmesini savunmak üzere ortaklaşa örgütlenmeler kurdukça, kendi içlerinde –semtlerde, kentlerde, metropol alanlarda– yöresel gruplaşmalar oluştururlar ve bunlardan, daha geniş bir siyasal ve kültürel ortaklaşma doğar. Bu yeni toplumsal oluşum, kapitalizmin meta mübadelesini ve sermaye dolaşımını kolaylaştırmak için inşa ettiği durmaksızın gelişen ulaşım ve iletişim olanakları sayesinde diğer ayrı bölgelerle bağlantı kurduğu zaman, başat iktidar aracı olarak ulus devleti ele geçirme olasılığını doğurur. Ama siyasal çalkalanış o coğrafi ölçekte de duramaz, çünkü ancak dünya işçileri ortak bir anlayış (muazzam farklılıklara dayanıyor olsa bile) çevresinde birleştikleri zaman kapitalizm denetim altına alınabilir ve alternatif komünist anlayış meyvesini verebilir. Kısacası, sınıf mücadelesinin örgütlenme biçimi, "coğrafi ölçeklerden sıçrayacak" ve yerelden küresele, sonra yine geriye pürüzsüzce hareket edecek tarzda hazırlanmalıdır.

Siyasal mücadelenin bu farklı anlarının ve coğrafi ölçeklerinin diyalektik olarak bütünleşmiş ve karşılıklı olarak birbirini kurucu olduğunu komünist hareket unuttuğu zaman nelerin olduğunu komünist hareketlerin tarihi son derecede trajik bir biçimde gösteriyor. Kişiselin siyasal olma şekli bölgesel kültürel bilinç oluşumunun açık dinamiği yönünde gelişmezse, o zaman *Manifesto*'da önerilen örgütlenme şeması başarısız olur. Daha da önemlisi, proleter güçler tarafından ele geçirilince ulus devlet adına yapılan eylemler bireylerin yabancılaşmalarını ve düş kırıklıklarını çözmezse, o zaman, devrimci umut ruhuyla kılı kırk yararcasına ve sevgiyle kurulmuş olan yerel ve bölgesel örgütlenme biçimleri içi boşaltılmış, durağan ve duyarsız birer bürokratik kabuk haline gelir. Hem ilerici hem de kalıcı (kapitalizmin kendi dinamikleriyle böylesine başarılı ve güçlü bir biçimde yürüttüğü türden) devrimlerin gerekliliği yadsınamaz. Bu yapılamazsa, devrimci hareket durağanlığa düşer (eski Sovyetler Birliği'nde yaşandığı gibi) ve kapitalist karşı-devrim için çok kolay bir hedef haline gelir. Devrimci hareketin başarıya ulaşması isteniyorsa, *Manifesto*'da ana çizgileriyle verilen örgütlenme biçimi diyalektiğinin dikkatle geliştirilmesi ve uygulanması gereklidir.

Ama *Manifesto*'nun analiz biçiminden öğrenilecek bir ders daha vardır. Örneğin, burjuvazinin iktidara nasıl geldiğini düşünün. Tüccar sermaye, dünya pazarına yönelik keşifleriyle ve o pazarı sömürerek feodal iktidarın kısıtlamalarının dışına çıktı. Aslında bu, feodalizmin kaleleri dışından güç kazanan bir coğrafi stratejiydi ve ondan sonra, feodalizmi kuşatınca, burjuva iktidarına teslim olmaya zorladı. Feodal çıkarları koruyan devlet ele geçirildi ve dönüşüme uğratılarak burjuvazinin kullanımına sokuldu (şu andaki kuruluş biçimiyle ABD devleti şirketlerin ortak çıkarlarını koruyan bir kurulundan başka bir şey midir?). Herhangi bir devrimci hareketin alacağı ders, siyasal mücadeleyi bölgeselleştirmenin, kapitalist seçkinlerin siyasal iktidarına karşı daha geniş saldırılar için bir sıçrama zemini olarak şu veya bu bölgeyi ya da ulus devleti ele geçirmenin önemli olduğudur. Tek bir ülkede sosyalizm (tek bir kent şöyle dursun) imkânsız olabilse de bu, siyasal mücadeleyi bölgeselleştirmenin, kapitalist seçkinlerin siyasal iktidarına karşı daha geniş saldırılar için bir sıçrama zemini olarak şu veya bu bölgeyi ya da ulus devleti ele geçirmenin anlamsız olduğunu ifade etmez. Ama burjuvaların iktidara gelmelerine olanak veren birçok başka koşul – topraksız bir emek gücünün varlığı, yükselen bir pazar talebi, dışarıdan para ve altın girişi– vardı ve belirli bir para gücüyle donatılmış olanlar böyle bir duruma adım atabildiler ve kendilerini tam gelişmiş kapitalistler olarak konumlandırabildiler. Marx'ın başka bir yerde belirttiği gibi, kapitalizmin yükselişi ya da komünizme geçiş türünden köklü sosyal dönüşümler uzay boşluğunda meydana gelmez, böyle dönüşümleri olabilir kılan koşulların önceden inşa edilmiş olmasına kritik derecede bağlıdır. Marx ve Engels bu noktayı özel olarak daha da açmaya devam etmemekle birlikte, Britanya'nın bütün bu bakımlardan sahip olduğu avantajlar, 16. yüzyıldan başlayarak her yerde oluşum sürecinde bulunan bir kapitalizmin niçin dünyanın o belirli kısmında en kolaylıkla kök salabildiğini açıklamada hiç kuşkusuz belirleyici bir rol oynadı. Dahası, kapitalistler kaçınılmaz olan aşırı üretim ve aşırı birikim bunalımlarından darbe yedikleri zaman, pazarlarının coğrafi kapsamını ve yatırım olanaklarını genişletmek için yeniden "coğrafyaya açılma" yoluna giderler. Aşırı üretim problemleri için "uzamsal bir çare" dediğim şeyi aramaya yönelik bu eğilim, Marx ve Engels'in 1848'de böylesine özlü biçimde tanımladıkları küreselleşme süreçlerinin durmadan sürdürülmesinde inanılmaz ölçüde önemli bir rol oynamıştır.[3]

Bunun ima ettiği şey, komünizmin, kapitalizm tarafından kaçınılmaz olarak yaratılan olanaklar bağının içinden doğması gerektiğidir. Kendisinin çıkardığı bunalımlara çözüm getirmek için burjuvazinin yaptığı hamleler –örneğin, finansal bunalımı denetim altına almak için kredileri devlet kurumlarının elinde toplama yönündeki güncel hamleler– karşısında komünizm

---

3 D. Harvey, *Spaces of Global Capitalism: Towards a Theory of Uneven Geographical Development*, Londra, Verso, 2006.

uyanık olmalı ve bu hamleleri, yeni güçler ele geçirmek ve yeni sosyal değişim yörüngeleri belirlemek için birer siyasal fırsat olarak değerlendirmelidir. Dahası komünizm, gelişimi için koşulların en elverişli olduğu bölgelerde kök salmalıdır. Ondan sonra, kapitalist iktidarın merkezî odaklarını kuşatıp altlarını oymak için yöresel ve coğrafi bir strateji izlemelidir. Ne yazık ki, bu son 200 yıldan beri dünyanın her yanında verilmiş olan sınıf mücadelelerinde kapitalistler, belirli yerlerde devrimci hareketleri alt etmenin bir yolu olarak mekânı (uzamı) denetlemedeki üstünlüklerini defalarca kullanmışlardır (1970'lerde Şili, Portekiz ve Mozambik hemen akla gelenlerdir). Dünya işçileri devrimci taleplerini elde etmek için birleşmekle kalmamalı, farklı türden bir dünya düzeni inşa etme hakkını kazanmak için incelikli siyasal ve jeopolitik stratejiler de bulup geliştirmelidirler.

Peki, işçilerin hareketi tam olarak hangi talepte bulunmalıdır? Kapitalistlerin fiilen yaptıklarına daha yakından bakalım. Güne belirli miktarda bir parayla başlarlar, piyasaya çıkıp emek gücü ve üretim araçları satın alırlar, bir teknoloji seçerler (satın alırlar), bunların hepsini işe koşarak yeni bir meta üretirler ve sonra o metayı ilk paranın üstüne bir kâr (artık değer) koyarak satarlar. Ertesi gün uyandıklarında, bir önceki gün kazandıkları fazlalık parayı ne yapacaklarına karar vermelidirler. Faust'unki gibi bir ikilemle karşı karşıya kalırlar: Daha çok para elde etmek için yeniden yatırım yapmak ya da fazlalık parayı keyiflerince harcayıp tüketmek. Rekabetin zorlayıcı yasaları onları yeniden yatırım yapmaya zorlar, çünkü birisi yeniden yatırım yapmazsa başka biri mutlaka yapacaktır. Kapitalist olarak kalmak için, daha da büyük fazlalık elde etmek üzere bir kısım fazlalığın yeniden yatırıma döndürülmesi gerekir. Başarılı kapitalistler, çoğunlukla, genişleme amacıyla yeniden yatırım yapmak ve zevklerini tatmin etmek için gerekenden daha büyük fazlalık elde ederler. Ama sürekli yeniden yatırımın doğurduğu sonuç, fazlalık üretimin bileşik bir oranda genişlemesidir – sermaye birikimi tarihine bağlanan bütün o lojistik büyüme eğrileri (para, sermaye, verim ve nüfus) buradan kaynaklanır.

Kapitalizm politikası, sermaye fazlalığı üretmek ve soğurmak için durmaksızın kârlı alanlar bulma ihtiyacından etkilenir. Burada kapitalist sürekli ve sorunsuz genişlemenin önüne dikilen birçok engelle karşılaşır. Emek arzı yetersizse ve ücretler çok yüksekse, o zaman var olan emek gücü disipline edilmelidir (teknolojik yollarla yaratılan işsizlik veya örgütlü işçi sınıfı gücüne karşı saldırı –Thatcher ve Reagan tarafından 1980'lerde yürürlüğe konulduğu gibi– başta gelen iki yöntemdir) ya da taze emek güçleri (dışarıdan göçle, sermaye ihracıyla veya nüfusun önceleri bağımsız olan unsurlarının proleterleştirilmesiyle) bulunmalıdır. Genelde yeni üretim araçları ve özelde yeni doğal kaynaklar bulunmalıdır. Bu, gerekli hammaddelerin elde edilmesi ve kaçınılmaz atıkların soğurulması için doğal çevre üstündeki baskıyı gitgide artırır. Rekabetin zorlayıcı yasaları durmaksızın yeni teknolojilerin ve örgütlenme biçimlerinin uygulamaya konulmasını da gerektirir, çünkü üretkenliği daha yüksek olan kapitalistler daha verimsiz yöntemler kullananları rekabette alt edebilirler. *Manifesto*'nun anlattığı üzere teknolojilerdeki sürekli devrimler kârlılığı tehdit edebilecek noktaya kadar istikrar bozucudur. Yenilikler de yeni istekleri ve ihtiyaçları tanımlar, sermayenin dönüş zamanını ve uzaklık sürtünmesini azaltır. Bu son etki, kapitalistin emek ve hammadde tedarik kaynaklarını genişletme arayışını serbestçe yürüttüğü coğrafi alanı genişletir. Pazarda yeterli alım gücü yoksa, o zaman dış ticaret genişletilerek, yeni ürünler ve yaşam biçimleri tanıtılarak, yeni borçlanma araçları ve borç finansmanına dayalı devlet ve kişi harcamaları yaratılarak yeni pazarlar bulunmalıdır. Son olarak, kâr oranı aşırı düşükse, o zaman "yıkıcı rekabet"e karşı devletçe düzenleme yapılması, tekelleşme (şirket birleşmeleri ve satın almaları) ve bakir topraklara sermaye ihracı bundan çıkış yolları sağlar.

Sermayenin sürekli dolaşımının ve genişlemesinin önüne çıkan yukarıdaki gibi engellerden herhangi birini atlatmak olanaksızsa, o zaman sermaye birikimi tıkanır ve kapitalistler bir bunalımla karşı karşıya kalırlar: sermaye kârlı şekilde yeniden yatırılmaz, birikim duraklar ya da durur ve sermaye devalüe olur (değer yitirir), hatta bazı durumlarda fiziki olarak yol olabilir. Emek engeliyle anlaşmaya varılamaması kâr daralması bunalımı yaratır, çünkü daha yüksek ücretler kârdan götürür; doğal kaynak ve atık giderme engellerini aşma yollarının bulunamaması çevresel bunalımlar yaratır (bu bazen "kapitalizmin ikinci çelişkisi" olarak adlandırılır); hızlı teknolojik değişiklikler kâr oranının düşmesi problemini yaratır; etkili (çoğunlukla kredilerin körüklediği) bir talebin olmaması tüketim azlığı bunalımına yol açar. Kapitalizm içinde bunalım oluşumuna ilişkin tekil bir kuram yoktur, farklı türden bunalımlar için birçok olasılık ortaya çıkaran bir dizi engel vardır. Belirli bir tarihsel andaki koşullar bunalım türlerinden birinin ağırlık taşımasına yol açabilirken, başka koşullarda birkaç bunalım biçimi birleşebilir ve bazı koşullarda da bunalım eğilimleri uzamsal olarak (jeopolitik ve jeo-ekonomik bunalımlar gibi) ya da zamansal olarak (finansal bunalımlar gibi) yerinden sapabilir. Bununla birlikte, sonuç her zaman sermayenin devalüasyonunu getirir. Devalüasyon birçok biçime bürünebilir. Fazlalık mallar değer yitirebilir ya da imha edilebilir, üretim kapasitesi ve özvarlıklar değerden düşebilir ve atıl kalabilir ya da paranın kendisi enflasyon yoluyla devalüe olabilir. Ve elbette, büyük bir bunalımda kitlesel işsizlik nedeniyle emek de değerini yitirir.

Engeller atlatılınca ya da ortadan kaldırılınca, birikim tipik olarak bileşik büyüme hızında yeniden canlanır. Sosyal, siyasal ya da çevresel sonuçları dikkate almaksızın, sağlıklı bir ekonominin büyüdüğünü ve dolayısıyla bu büyümenin normal ve iyi olduğunu düşünmeden kabul eder hale gelmişiz. Ama diyelim ki yıllık yüzde 2-3'lük bir bileşik büyüme hızıyla bir yüz yıl sonra dünyanın nasıl bir yer olacağını düşünmek insanı ürkütüyor. Açıkçası, insanlığın varlığını devam ettirebilmesi için, sosyal düzeni örgütlemenin başka bir yolu bulunmalıdır.

O halde, devrimci bir hareketin talebi ne olmalıdır? Yanıt ilke olarak oldukça basittir: Neyin, nasıl ve kim tarafından üretildiği üstünde daha fazla ortaklaşa demokratik denetimin yanı sıra, üretilen her türlü fazlalığın kullanımı üstünde güçlü bir denetim. Fazlalık bir ürüne sahip olmak kötü bir şey değildir: Gerçekte, fazlalık birçok durumda yeterli sağkalım için kritik önem taşır ve yaşamdaki iyi şeylerin birçoğunun sağlanabilmesi ancak yeterli bir fazlalık sayesindedir (örneğin, fazlalık ürünün harekete geçirilmesi ve merkezileştirilmesi olmasaydı kentler kurulamazdı). Kapitalizmin tarihi boyunca, yaratılan artık değerin bir kısmı devlet tarafından vergi olarak alınmıştır ve sosyal demokrat evrelerde o kısım önemli ölçüde artarak fazlalığın çoğunu devlet denetimi altına sokmuştur. Bunun hiç değilse bir kısmı o zamana kadar baskı görmüş, kenara itilmiş ve dışlanmış kesimlere yarar sağlayan amaçlar (sözgelimi, genel sağlık hizmeti, sosyal konutlaşma ve eğitim) için kullanılmıştır. Son 30 yıl boyunca tüm neoliberal projenin doğrultusu o yararları geri alma ve fazlalığın kullanımı üstünde özel denetimi tesis etme yönünde olmuştur. Bununla birlikte, OECD ülkelerine ait veriler, devletin brüt hasıladan aldığı payın 1970'lerden beri kabaca sabit kaldığını göstermektedir. Öyleyse, neoliberal saldırının ana kazanımı, devlet payının 1950'lerde ve 1960'larda önde gelen kapitalist ülkelerde (hatta ABD'de bile) olduğu gibi genişlemesini önlemek olmuştur. Kapitalist sınıfın verdiği bir başka karşılık da para gücünün uygulanması yoluyla devlet ve şirket çıkarlarını bütünleştiren yeni idare sistemleri yaratmak, fazlalığın devlet aygıtı çapında dağıtımı üstündeki denetimin şirketsel sermaye (Halliburton gibi, ilaç şirketleri gibi) ve üst sınıflar lehine olmasını güvenceye almak olmuştur. Devlet denetimi altındaki fazlalığın payını artırmak ancak devlet aygıtının kendisi yeniden ortaklaşa demokratik denetim altına alınırsa işe yarayacaktır.

Fazlalığın nasıl dağıtıldığı ve kullanıldığı, zamanımızın bazı yakıcı siyasal sorunlarından birisidir. Bir yanda gitgide büyüyen kenar mahallelerden, topyekûn aşağılama, şiddet, suçluluk ve umutsuzluk ortasında zengin insan olanaklarının ve yaratıcı etkinliklerin boy verdiği yerlerden, öte yanda da hiçbir sınır tanımıyor gibi görünen kısıtsız ve bazı durumlarda suç oluşturacak şekilde uçarı tüketim çılgınlığının yükselen dalgasından oluşan bir gezegen üstünde yaşıyoruz. Bugün var olan akıl almaz eşitsizliklerin açıkça düzeltilmesi gerekiyor. Ama karşılaşılan bölünmeler, iyi örgütlenmiş bir sınıf mücadelesi şöyle dursun, ortak bir politika umudunu bile hayal etmeyi gitgide daha çok güçleştiriyor. Özellikle hızla kentleşen kalkınma yolundaki dünyada kent, parçalanarak farklı kısımlara ayrılıyor, böylece görünüşte birçok "mikro devlet" oluşuyor. Dışarıdan kimsenin alınmadığı okullar, golf sahaları, tenis kortları ve yirmi dört saat devriye gezen özel güvenlik gibi her türlü hizmetin verildiği varlıklı semtler, suyun yalnızca sokak çeşmelerinden temin edilebildiği, temizlik sisteminin bulunmadığı, elektriğin ayrıcalıklı bir azınlığın elinde olduğu, yağmur yağdığında yolların çamur deryasına döndüğü ve ev paylaşımının genel geçer bir uygulama olduğu yasa dışı yerleşimlerle iç içe bulunuyor. Her parça, gündelik yaşam savaşında eline geçirebildiği ne varsa ona sıkıca sarılarak özerk biçimde yaşıyor ve işliyor gibi görünüyor.[4]

Ama zenginliğin yeniden dağıtımı politikası önemli sayılabilmesine rağmen, Marx ve Engels'in yargısına göre, bir siyasal proje olarak son derecede sınırlayıcıdır. Dağıtımcı sosyalizmi komünizmden ayıran şey, komünistlerin, özelde kapitalist artık değer ve fazlalık ürün üretimi tarzını eleştirme yoluyla, genelde üretimin örgütlenmesi ve politikası üstünde odaklanmalarıdır. Marx ve Engels'in zamanında, yetersiz ücretlendirilen bir işçi sınıfının yaşama alanlarının yanı sıra, dünyadaki fabrikalarda, tarlalarda ve atölyelerde hayatın nasıl olduğunu sadece tanımak bile burjuva fabrika ve halk sağlığı müfettişlerinin yanı sıra, bu koşullar herkesin görüşüne açılınca genel kamuoyunun da öfkesini çekmeye yeterliydi. Komünistlerin değiştirmeye çalıştıkları temel durum işte budur. Üretim araçlarını kontrol edip kullanan ve yalnızca kendi çıkarları için bunlardan yararlananlar düpedüz kusurluydu ve bu nedenle, sınıf ayrıcalığını ortadan

4 M. Balbo, alıntılandığı yer National Research Council, *Cities Transformed: Demographic Change and Its Implications in the Developing World*, Washington, DC, The National Academies Press, 2003, s. 379; M. Davis, *Planet of Slums*, Londra, Verso, 2006 (*Gecekondu Gezegeni*, Metis, 2007).

kaldırmak ve devlet aygıtının demokratik kontrolüyle desteklenmiş olarak işçilerin birliği aracılığıyla üretimi örgütlemek komünist hareketin misyonuydu (*Manifesto* buraya kadar gider). Şimdi biliyoruz ki, böyle bir genel alternatif planı tasarlamak ve uygulamak öyle kolay değildi ve değildir. Ama dünyanın çoğu yerinde çalışma ve yaşama koşulları şimdi öyle berbattır ki, üretimin ve tüketimin örgütlenişini kapitalist olmayan bir doğrultuda dönüştürmeye yönelik komünist ilkenin şimdi 1848'de olduğundan çok daha kritik olduğunu öne sürmek yerinde olur. Ama bu şimdi daha bir ivedilik kazanmıştır. Fazlalık ürün üretimi yoluyla *ad infinitum* artık değer üretilmesini gerektiren kapitalist kuralın ima ettiği bileşik büyüme hızları, gezegenin çevre sistemlerini ve temel gereklilikler olan enerji, su ve temiz hava sağlanmasını günden güne daha fazla tehdit etmektedir. Bileşik kapitalist büyüme hızları sonsuza kadar süremez ve yeni bir şeylerin –örneğin, kapitalizmle hiç mi hiç uyuşmayacak bir değişmez durum ekonomisinin– tasarlanması gerekir ve bunun için, kendimizi komünist sayalım veya saymayalım, hem üretimin hem de tüketimin daha akılcı, eşitlikçi ve sağlıklı ilkelere göre nasıl örgütleneceği şeklindeki temel soruya yanıt bulunması gerekecektir. Burjuvazinin inşa ettiği cennetteki sıkıntının uyarıcı işaretlerini her yanımızda görüyoruz. Bunların üstünkörü yorumlanması bile, kapitalizmin çağının çoktan geçmiş olduğunu, yerini daha üstün bir üretim biçimine bırakması gerektiğini vurgularken Marx ve Engels'in haklı olduklarını ve şimdi bizim daha da haklı olduğumuzu elbette akla getirir.

Bu nedenle, *Komünist Manifesto*'dan buram buram yayılan siyasal tutkuları yeniden ateşlememiz zorunludur. Marx ve Engels'in kuvvetle vurguladıkları gibi, komünistlerin bir siyasal partisi yoktur. Onlar, kapitalist düzenin sınırlarını, kusurlarını ve yıkıcı eğilimlerini anlamanın yanı sıra, kapitalistlerin ve onları mazur gösterenlerin kendi biricik sınıf iktidarını sürekli kılmak için ürettikleri sayısız ideolojik maskeyi ve sahte meşrulaştırmaları da anlayan kişiler olarak her zaman ve her yerde kendi kendilerini oluştururlar. Komünistler, kapitalizmin öngördüğünden farklı bir gelecek kurmak için durmaksızın çalışan herkestir. Kurumsallaştırılmış komünizm ölmüş olabilir, ama bu ölçüye göre, anlayışlarını hayata geçirmeye istekli, *Manifesto*'nun tanımladığı siyasal buyruklara yaratıcı biçimde uymaya hazır ve her şeyden önce, 1848'in kasvetli günlerinden yankılanarak bize ulaşan bu ilham verici mesaja gönüllerini ve zihinlerini açmaya hazır milyonlarca komünist aramızda yaşamaktadır. Biz komünistler, burjuvazinin sihirle öte dünyadan getirdiği o kol gezen heyulayız, kendi ayrı büyümüzü, kendi sınıf yazgısı anlayışımızı tarihsel coğrafyamızın atkısına ve çözgüsüne dokuyabilen büyücüleriz. "Dünyayı değiştirin", dedi Marx: "Yaşamı değiştirin", dedi Rimbaud; "bizim için", dedi André Breton, "bu iki proje aynıdır". Mücadele sürüyor.

İngilizceden Çeviren
Şükrü Alpagut

Komünist Manifesto[1]

Karl Marx – Friedrich Engels

Almancadan Çeviren: Nail Satlıgan

1 *Komünist Manifesto*, bilimsel komünizmin en önemli program belgelerinden biridir. "Bu küçük kitapçığın ağırlığı pek çok cilde denktir. Bugüne dek uygar dünyada örgütlü ve mücadeleci proletaryanın tümüne hayat ve hareket veren onun ruhudur." (Lenin)
Karl Marx ile Friedrich Engels tarafından Komünistler Birliği'nin programı olarak kaleme alınan *Komünist Partisi Manifestosu*'nun ilk baskısı 1848 Şubatında Londra'da 23 sayfa hâlinde yayınlandı. 1848'in Mart ile Temmuz ayları arasında Alman göçmenlerinin demokratik organı *Deutsche Londoner Zeitung*'da tıpkıbasımı yapıldı. Aynı yıl Londra'da 39 sayfalık bir risale hâlinde yeniden basıldı; burada birinci baskının bazı dizgi hataları ve noktalama düzeltildi. Marx ile Engels kendilerinin izniyle yapılmış sonraki baskıları bu baskıya dayandırdı. 1848 yılında *Manifesto* birkaç Avrupa diline daha çevrildi (Fransızca, Lehçe, İtalyanca, Danca, Flamanca ve İsveççeye). 1848 yılındaki baskılarda *Manifesto*'nun yazarları ismen belirtilmiyordu; bunlar ilk kez 1850'de, G. J. Harney'nin *Red Republican* adlı Çartist gazetede basılan birinci İngilizce çeviriye yazdığı yayıncı notunda yer aldı.

Avrupa'da bir heyula kol geziyor -komünizm heyulası. Yaşlı Avrupa'nın bütün devletleri, Papası ve Çarı, Metternich'i ve Guizot'su, Fransız Radikalleri ve Alman hafiyeleri bu heyulaya karşı kutsal bir sürgün avında el ele vermişlerdir.

İktidardaki hasımları tarafından komünistlikle suçlanmamış tek bir muhalefet partisi gösterebilir misiniz? Bu komünizm karalamasını gerici hasımlarına olduğu kadar kendinden daha ileri muhaliflere de gerisin geri fırlatmamış tek bir muhalefet partisi gösterebilir misiniz?

Bundan iki sonuç çıkıyor.

Komünizm daha şimdiden bütün Avrupa devletlerince bir güç olarak kabul edilmiş bulunuyor.

Komünistlerin görüşlerini, amaçlarını, eğilimlerini açıkça bütün dünyanın gözleri önüne sermelerinin ve bu komünizm heyulası masalına partinin kendisinin bir manifestosuyla karşılık vermelerinin tam zamanıdır.

İşte bu amaçla çeşitli milliyetlerden Komünistler Londra'da bir araya gelmişler ve İngilizce, Fransızca, Almanca, İtalyanca, Flamanca ve Danimarka dilinde yayınlanmak üzere aşağıdaki manifestoyu kaleme almışlardır.

I. Burjuvalar ve Proleterler*

Bugüne kadarki bütün toplumların tarihi** sınıf mücadeleleri tarihidir.

Özgür yurttaş ile köle, patrisien ile pleb, baron ile serf, lonca ustası ile kalfa, sözün kısası ezen ile ezilen sürekli karşı karşıya gelmişler, her seferinde ya toplumun tümüyle devrimci bir dönüşüme uğramasıyla ya da çatışan sınıfların ortak yıkımıyla sonuçlanan, kimi zaman gizliden gizliye, kimi zaman açıktan açığa, ama dur durak bilmeyen bir mücadele içinde olmuşlardır.

Tarihin daha eski dönemlerinde hemen her yerde toplumun çeşitli zümreler hâlinde tamamıyla eklemlenişini, toplumsal konumların çok yönlü olarak derecelenişini görüyoruz: Eski Roma'da patrisienler, şövalyeler, plebler,

* Burjuvazi denince toplumsal üretim araçlarının sahipleri olup ücretli emeği sömüren modern sermayeciler sınıfı, proletarya denince kendi üretim araçlarına sahip olmadıklarından emek güçlerini satmaya muhtaç olan modern ücretli işçiler sınıfı anlaşılır. (Engels'in 1888 tarihli İngilizce baskıya notu.)

** Yani daha doğru bir ifadeyle yazılı olarak aktarılan tarih. 1847'de toplumun tarih öncesi, her türlü yazılı tarihten önce gelen toplumsal örgütleniş, hemen hemen hiç bilinmiyordu. O zamandan beri Haxthausen Rusya'da topraktaki kamu mülkiyetini keşfetti; Maurer bunun bütün Alman tribülerinin içinden çıktığı toplumsal temel olduğunu kanıtladı ve yavaş yavaş toprak mülkiyetinin ortak olduğu köy topluluklarının Hindistan'dan İrlanda'ya dek toplumun ilk biçimi olduğu anlaşıldı. Bunları jensin ve tribü içindeki konumunun gerçek niteliği konusunda Morgan'ın taçlandırıcı keşfi izleyince bu ilk komünist toplumun tipik biçiminin iç örgütlenişi açığa çıkarılmış oldu. Bu ilksel toplulukların çözülmesiyle toplumun ayrı ve sonunda birbirine karşı sınıflara bölünmesi başlamış olur. Bu çözülme sürecini *Ailenin, Özel Mülkiyetin ve Devletin Kökeni*'nde izlemeye çalışmıştım. (Engels'in 1888 tarihli İngilizce baskıya notu.)

köleler; Ortaçağda feodal beyler, vasallar, lonca ustaları, kalfalar, serfler ve bu sınıfların hemen hepsinde de özel derecelenmeler.

Feodal toplumun yıkıntıları arasından filizlenip yükselen modern burjuva toplumu sınıf karşıtlıklarını ortadan kaldırmamıştır. Modern burjuva toplumu eski sınıfların yerine yeni sınıflar, eski baskı koşullarının yerine yeni baskı koşulları, eski mücadele biçimlerinin yerine de yeni mücadele biçimleri getirmekten öteye gitmemiştir.

Bununla birlikte dönemimizin, burjuva döneminin, ayırt edici bir özelliği vardır: Sınıf karşıtlıklarını yalınlaştırmıştır bu dönem. Bütün bir toplum iki büyük düşman kampa, birbiriyle doğrudan doğruya karşı karşıya gelen iki büyük sınıfa, yani burjuvazi ile proletaryaya her geçen gün daha fazla bölünmektedir.

Ortaçağın serfleri arasından ilk kentlerin kasaba eşrafı (Pfahlbürger) doğdu. Bunların arasından da burjuvazinin ilk unsurları gelişti.

Amerika'nın keşfi, Afrika'nın gemiyle dolaşılması yükselen burjuvaziye yepyeni alanlar açtı. Doğu Hindistan ve Çin pazarları, Amerika'nın sömürgeleştirilmesi, sömürgelerle yapılan ticaret, mübadele araçlarının ve genel olarak metaların artması ticarete, denizciliğe, sanayiye o güne kadar görülmemiş bir canlanma sağladı ve böylelikle parçalanan feodal toplumun bağrındaki devrimci unsurun hızla gelişmesine yol açtı.

Sanayinin şimdiye kadarki feodal ya da lonca kurallarına uygun işletme tarzı yeni pazarlarla gittikçe büyüyen ihtiyacı artık karşılayamıyordu. Onun yerini manifaktür aldı. Lonca ustaları sanayici orta sınıfça bir köşeye itildi; değişik loncalar arasındaki iş bölümü bir tek atölyenin içindeki iş bölümü karşısında yok olup gitti.

Bu arada pazarlar durmadan büyüyor, ihtiyaç durmadan artıyordu. Manifaktür bile yetersiz kalıyordu artık. İşte o zaman buhar ile makine, sanayi üretiminde devrim yaptı. Manifaktürün yerini modern büyük sanayi aldı, sanayici orta sınıfın yerini ise sanayici milyonerler, dev sanayi ordularının komutanları, modern burjuvalar.

Büyük sanayi Amerika'nın keşfiyle yolu açılan dünya pazarını kurdu. Bu pazar ticarette, denizcilikte ve kara ulaşımında çok büyük gelişmeye yol açtı. Bu gelişme de sanayinin yayılmasını sağladı; sanayi, ticaret, denizcilik ve demiryolları yayıldıkça burjuvazi de gelişti, sermayelerini artırdı ve Ortaçağ artığı sınıfları bir bir arka plana itti.

Demek ki modern burjuvazinin kendisinin de uzun bir gelişme seyrinin, üretim ve mübadele tarzında meydana gelen bir dizi altüst oluşun ürünü olduğunu görüyoruz.

Burjuvazinin bu gelişme aşamalarından her birine ona denk düşen siyasi bir ilerleme eşlik etti. Feodal beylerin hâkimiyeti altında ezilen bir zümre, komünde* silahlı ve kendi kendini yöneten bir birlik (Assoziation) olan; kimi

* Fransa'da oluşmakta olan kentler feodal beylerinden ve efendilerinden "Üçüncü Zümre" olarak yerel özerklik ve siyasi haklarını koparmadan önce bile kendilerine "komün" adını verirlerdi. Genel olarak söyleyecek olursak burada burjuvazinin iktisadi gelişimi için İngiltere'yi, siyasi gelişimi için ise Fransa'yı tipik ülke olarak aldık. (Engels'in 1888 tarihli İngilizce baskıya notu.)
İtalya ve Fransa'daki kent soylular ilk özerklik haklarını feodal beylerinden parayla ya da zorla aldıktan sonra kent topluluklarına bu adı vermişlerdi. (Engels'in 1890 tarihli Almanca baskıya notu.)

yerde bağımsız bir kent cumhuriyeti, kimi yerde monarşinin vergi ödemekle yükümlü üçüncü zümresini oluşturan, daha sonraları da manifaktür döneminde soyluluğa karşı bir ağırlık unsuru olarak ya meşruti monarşiye ya da mutlak monarşiye hizmet eden, genel olarak büyük monarşilerin temel taşı olan burjuvazi en sonunda, büyük sanayinin ve dünya pazarının oluşmasından bu yana modern temsilî devlette siyasi hâkimiyeti tek başına ele geçirdi. Modern devlet iktidarı bütün burjuva sınıfının ortak işlerini yöneten bir kuruldan başka bir şey değildir.

Burjuvazi tarihte son derece devrimci bir rol oynamıştır.

Burjuvazi hâkimiyeti ele geçirdiği her yerde bütün feodal, ataerkil, kır yaşamına özgü ilişkilere son vermiştir. İnsanı tabii mafevkine bağlayan karmakarışık feodal bağları acımasızca kesip atmış ve insan ile insan arasında katıksız çıkardan, katı "nakit ödeme"den başka bir bağ bırakmamıştır. Dinî bağnazlığın, şövalye ruhunun, küçük burjuva duygusallığının ilahî vecde gelişlerini bencil hesabın buzlu sularında boğmuştur. Kişisel onuru mübadele değerine dönüştürmüş ve sayısız müseccel ve müktesep hürriyetin yerine o tek, acımasız özgürlüğü, ticaret yapma özgürlüğünü, geçirmiştir. Sözün kısası dinî ve siyasi yanılsamaların ardına gizlenen sömürünün yerine açık, hayâsız, dolaysız, gaddar sömürüyü geçirmiştir.

Burjuvazi onca zamandır onurlu sayılan ve önünde huşuyla eğilinen her faaliyeti çevreleyen haleyi söküp atmıştır. Hekimi de hukukçuyu da rahibi de şairi de bilim adamını da kendi ücretli işçisi yapıp çıkmıştır.

Burjuvazi aile ilişkisinin dokunaklı-duygusal örtüsünü yırtıp atmış, basit bir para ilişkisine indirgemiştir bu ilişkiyi.

Burjuvazi gericiliğin o kadar hayranlık duyduğu Ortaçağdaki kaba kuvvet tezahürünün nasıl olup da en miskin bir tembellikle tam bir uyum içinde olduğunu açığa çıkarmıştır. İnsan faaliyetinin neler yaratabileceğini ilk ortaya koyan burjuvazi olmuştur. Mısır'ın piramitlerinden, Roma'nın su kemerlerinden ve Gotik katedrallerden kat kat üstün harikalar yaratmıştır burjuvazi; göçleri ve Haçlı seferlerini gölgede bırakan seferler gerçekleştirmiştir.

Burjuvazi üretim araçlarını, dolayısıyla üretim ilişkilerini ve bunlarla birlikte bütün toplumsal ilişkileri durmadan devrimcileştirmeksizin var olamaz. Oysa eski üretim tarzının olduğu gibi korunması daha önceki bütün sanayici sınıfların ilk varoluş koşuluydu. Üretimin durmadan altüst edilmesi, bütün toplumsal koşulların aralıksız sarsılışı ve bitmek bilmeyen bir belirsizlik ve çalkantı burjuva dönemini öteki bütün dönemlerden ayırt eder. Bütün kemikleşmiş, donmuş ilişkiler arkaları sıra gelen eskiden beri saygıdeğer tasavvur ve görüşlerle birlikte silinip gider; yeni oluşanlar ise daha kemikleşmeye fırsat bulamadan eskir. Katı olan her şey buharlaşıyor, kutsal olan her şey ayaklar altına alınıyor ve insanlar nihayet hayattaki konumlarına, karşılıklı ilişkilerine soğukkanlı bir gözle bakmaya zorlanıyorlar.

Ürünleri için durmadan genişleyen bir pazara gerek duyması burjuvaziyi yeryüzünün dört bir bucağına salar.

Her yerde yuvalanmak, her yere yerleşmek, her yerle bağlantılar kurmak zorundadır burjuvazi.
Burjuvazi dünya pazarını sömürerek bütün ülkelerdeki üretim ve tüketime kozmopolit bir nitelik kazandırmıştır. Burjuvazi sanayinin üzerinde durduğu ulusal zemini ayaklarının altından çekip alarak gericileri büyük bir yasa boğmuştur. Köhne ulusal sanayiler yıkılmıştır ve günden güne yıkılmaktadır. Bunların yerini, kurulmaları bütün uygar uluslar için bir ölüm kalım sorunu hâline gelen yeni sanayiler, artık yerli hammaddeleri değil de en uzak yerlerden getirilen hammaddeleri işleyen ve ürünleri yalnızca ülke içinde değil, aynı zamanda bütün kıtalarda tüketilen sanayiler almaktadır.

Ülke içinde üretilen malların karşılayabildiği eski ihtiyaçların yerini uzak ülke ve iklimlerin ürünlerini zorunlu kılan yeni ihtiyaçların aldığı görülmektedir. Eski yerel ve ulusal kendi kendine yeterliliğin ve içe kapanıklığın yerini çok yönlü ilişkiler, ulusların çok yönlü karşılıklı bağımlılığı almaktadır. Üstelik yalnızca maddi üretimde değil, zihnî üretimde de. Tek tek ulusların yarattığı zihnî ürünler herkesin ortak malı olmaktadır. Ulusal tek yanlılık ve dar kafalılık her geçen gün biraz daha olanaksızlaşmakta ve çeşitli ulusal ve yerel edebiyatlardan bir dünya edebiyatı doğmaktadır.

Burjuvazi bütün üretim araçlarının hızla iyileşmesi, iletişimin son derece kolaylaşması sonunda bütün ulusları, hatta en barbarlarını bile uygarlığın bağrına çekiyor. Burjuvazinin metalarının ucuz fiyatları bütün Çin setlerini yerle bir eden, barbarların yabancılara karşı duyduğu alabildiğine inatçı nefreti zorla dize getiren ağır toplardır. Burjuvazi bütün ulusları yok olup gitmemek için burjuvazinin üretim tarzını benimsemek zorunda bırakıyor; bütün ulusları kendisinin uygarlık dediği şeyi kabullenmek, yani burjuva olmak zorunda bırakıyor. Açıkçası burjuvazi kendi suretinde bir dünya yaratıyor.

Burjuvazi kırsal alanı kentin boyunduruğuna soktu. Koca koca kentler yarattı, kırsal nüfusa oranla kent nüfusunu büyük ölçüde artırdı ve böylece nüfusun hatırı sayılır bir parçasını kır hayatının yalıtılmışlığından kurtardı. Tıpkı kırsal alanı kente bağımlı kıldığı gibi barbar ve yarı barbar ülkeleri uygar ülkelere, köylü halkları burjuva halklara, Şark'ı Garp'a bağımlı kıldı.

Burjuvazi üretim araçlarının, mülkiyetin ve nüfusun dağınıklığına her geçen gün biraz daha son veriyor. Burjuvazi nüfusu bir araya topladı, üretim araçlarını merkezîleştirdi ve mülkiyeti birkaç elde yoğunlaştırdı. Bunun zorunlu sonucu siyasi merkezîleşme oldu. Ayrı ayrı çıkarları, yasaları, hükûmetleri ve vergileri bulunan bağımsız, neredeyse yalnızca müttefik durumundaki eyaletler tek bir ulus, tek bir hükûmet, tek bir yasa, tek bir ulusal sınıf çıkarı, tek bir gümrük hattı altında birleştirildi.

Burjuvazi henüz yüz yılı bulmayan sınıf hâkimiyeti süresince daha önceki kuşakların hepsinden daha büyük ve daha görkemli üretici güçler yarattı. Doğa güçlerine boyun eğdirilmesi, makineler, kimyanın sanayi ve tarıma uygulanması, buharlı gemiler, demiryolları, elektrikli telgraflar, koskoca kıtaların tarıma, nehirlerin gemiciliğe elverişli kılınması, mantar gibi biten dev nüfuslar -daha önceki yüzyıllarda, toplumsal emeğin bağrında bu üretici güçlerin yattığına ilişkin bir önsezi olsun var mıydı acaba?

Demek ki burjuvazinin üzerinde yükseldiği temeli meydana getiren üretim ve mübadele araçları feodal toplumun bağrında oluşmuştu. Bu üretim ve mübadele araçlarının belli bir gelişme aşamasında feodal toplumun üretim ve mübadele koşulları, tarımın ve manifaktürün feodal örgütlenmesi, sözün kısası feodal mülkiyet ilişkileri, gelişmiş bulunan üretici güçlere artık ayak uyduramaz olmuştu. Bunlar üretimi geliştirecek yerde köstekliyordu. O ölçüde birer ayak bağı olup çıkmışlardı. Bunların sökülüp atılmaları gerekiyordu, sökülüp atıldılar. Bunların yerini kendilerine uygun bir toplumsal ve siyasi yapı ve burjuva sınıfının iktisadi ve siyasi hâkimiyetiyle birlikte serbest rekabet aldı.

Gözlerimizin önünde buna benzer bir hareket yaşanıyor. Burjuva üretim ve mübadele ilişkileri, burjuva mülkiyet ilişkileri, o dev üretim ve mübadele araçlarını peyda etmiş olan modern burjuva toplumu, büyüler yaparak çağırdığı cehennem kuvvetlerine artık söz geçiremeyen büyücünün durumuna düşmüş bulunuyor. On yıllardır sanayinin ve ticaretin tarihi, modern üretici güçlerin modern üretim ilişkilerine karşı, burjuvazinin ve onun hâkimiyetinin yaşam koşulları olan mülkiyet ilişkilerine karşı isyanının tarihinden başka bir şey değildir.

Dönem dönem tekrarlanarak her seferinde bütün burjuva toplumunun varoluşunu daha da korkutucu bir biçimde tehdit eden ticari bunalımları belirtmek yeter.

Ticari bunalımlar sırasında yalnızca eldeki ürünlerin büyük bir bölümü değil, daha önce yaratılmış üretici güçlerin büyük bir bölümü de yok olur. Bu bunalımlar sırasında daha önceki bütün dönemlerde olsa olsa bir saçmalık olarak görülebilecek toplumsal bir salgın –aşırı üretim salgını– baş gösterir. Toplum ansızın geçici bir barbarlığa geri döner; sanki bir açlık, genel bir imha savaşı bütün geçim araçlarının kökünü kurutmuş, sanayi, ticaret yok edilmiştir; peki, neden böyle olur? Çünkü çok fazla uygarlık, çok fazla geçim aracı, çok fazla sanayi, çok fazla ticaret vardır. Toplumun emrindeki üretici güçler artık burjuva mülkiyet ilişkilerinin daha da gelişmesini sağlayamaz olmuştur; tam tersine artık kendilerini köstekleyen bu ilişkilere göre çok fazla güçlenmişlerdir; bu ayak bağlarından kurtulur kurtulmaz bütün burjuva toplumunu altüst eder, burjuva mülkiyetinin varoluşunu tehlikeye sokarlar. Burjuva ilişkileri bu üretici güçlerin yarattığı zenginliği kucaklayamayacak kadar dardır. –

Peki, burjuvazi bunalımların nasıl üstesinden gelir? Bir yandan yığınla üretici gücü zorla yok ederek; öte yandan da yeni pazarlar ele geçirerek ve eski pazarları daha da fazla sömürerek. Yani daha yaygın ve daha şiddetli bunalımların yolunu açarak ve bu bunalımları önleyebilecek araçları gittikçe azaltarak.

Burjuvazinin feodalizmi yere çalarken kullandığı silahlar şimdi burjuvazinin kendisine çevrilmiştir.

Ama burjuvazi kendisine ölüm getiren silahları geliştirmekle kalmamış, aynı zamanda bu silahları kullanacak insanları, modern işçileri, proleterleri yaratmıştır.

Burjuvazi, yani sermaye geliştikçe, ancak iş buldukları sürece yaşayabilen ve ancak emekleri sermayeyi artırdığı sürece iş bulabilen modern emekçiler sınıfı olan proletarya da gelişir. Kendilerini parça parça satmak zorunda olan bu işçiler bütün öteki ticari mallar gibi bir metadırlar ve bu yüzden de rekabetin yol açtığı bütün karışıklıkların, piyasada meydana gelen bütün dalgalanmaların etkisine açıktırlar.

Proleterlerin yaptığı iş, makinelerin yaygın bir biçimde kullanılması ve iş bölümü nedeniyle bütün bağımsız niteliğini ve bunun sonunda da işçi için bütün çekiciliğini yitirmiştir. Makinenin bir uzantısı olup çıkmıştır işçi; artık ondan istenilen, en basit, en tekdüze, en kolay edinilir bir beceridir yalnızca. Bu nedenle bir işçinin maliyeti neredeyse bütünüyle, hayatta kalabilmesi ve soyunu sürdürebilmesi için gerekli geçim araçlarıyla sınırlıdır. Ama bir metanın, dolayısıyla emeğin de fiyatı[2] onun üretim maliyetine eşittir. Dolayısıyla yapılan işin çekilmezliği arttıkça ücret azalır. Üstelik makinelerin kullanılması ve iş bölümü arttıkça bir yandan çalışma saatlerinin uzaması, bir yandan belli bir süre içinde yapılan işin artması, makinelerin hızlandırılması vb. sonunda işin kütlesi de ağırlaşır.

Modern sanayi ataerkil ustanın küçük işliğini sanayi sermayecisinin büyük fabrikasına dönüştürmüştür. Fabrikaya doldurulan işçi kitleleri askerler gibi örgütlenmiş-

2 Marx ile Engels daha sonraki yapıtlarında "emeğin değeri" ve "emeğin fiyatı" kavramları yerine Marx tarafından ortaya atılmış daha doğru kavramlar olan "emek gücü değeri" ile "emek gücü fiyatı"nı kullandılar.

tir. Onlar sanayi ordusunun rütbesiz askerleri olarak tam bir subaylar ve astsubaylar hiyerarşisinin denetimi altına alınmışlardır. Onlar yalnızca burjuvazinin, burjuva devletinin köleleri olmakla kalmazlar, her gün, her saat makineler, ustabaşı ve en çok da tek tek imalatçı burjuvaların kendileri tarafından köleleştirilirler. Bu zorbalık, amacının kazanç olduğunu ne kadar açık bir biçimde ortaya koyarsa o kadar aşağılık, o kadar tiksindirici, o kadar dayanılmaz olur.

Kol emeği ne kadar az beceri ve kuvvet tezahürü gerektirirse, başka bir deyişle modern sanayi ne kadar gelişirse erkek emeğinin yerini o ölçüde kadın emeği alır. Cinsiyet ve yaş farklılıklarının işçi sınıfı için hiçbir ayırt edici toplumsal geçerliliği kalmamıştır artık. Bütün işçiler yaş ve cinsiyetlerine göre maliyetleri değişik olan birer emek aracıdırlar.

İşçinin fabrikatör tarafından sömürülmesi ücretini nakden almasıyla o an için sona erer ermez bu kez de burjuvazinin öteki kesimleri, ev sahibi, bakkalı, tefecisi vb. çöker tepesine.

Şimdiye kadarki küçük orta zümreler, küçük sanayiciler, tüccarlar ve rantiyeler, zanaatkârlar ve köylüler, bütün bu sınıflar kısmen kendi küçük sermayeleri büyük sanayinin işletilmesine yetmediği ve daha büyük sermayecilerle rekabet içinde batıp gittiği için, kısmen de yeni üretim tarzları onların becerilerini değersizleştirdiği için proletaryanın katına inerler. Böylece proletaryaya nüfusun bütün sınıflarından katılmalar olur.

Proletarya çeşitli gelişme aşamalarından geçer. Daha doğar doğmaz burjuvaziye karşı mücadelesi başlar.

Önce tek tek işçiler, sonra bir fabrikanın işçileri, daha sonra da bir bölgede aynı işkolunda çalışan işçiler kendilerini doğrudan sömüren tek tek burjuvalara karşı mücadele ederler. Bunlar saldırılarını yalnızca burjuva üretim ilişkilerine değil, doğrudan doğruya üretim araçlarına yöneltirler; yabancı rakip malları kırıp döker, makineleri parçalar, fabrikaları ateşe verir, Ortaçağ işçisinin yitip giden konumunu yeniden kazanmaya uğraşırlar.

Bu aşamada işçiler ülkenin dört bir yanına dağılmış ve kendi içlerindeki rekabetten dolayı parçalanmış, bütünlükten yoksun bir yığın durumundadırlar. İşçilerin kitle hâlinde bir araya gelişleri henüz onların kendi birleşmelerinin bir sonucu değil, kendi siyasi amaçlarını gerçekleştirmek için bütün proletaryayı harekete geçirmek zorunda olan, daha bir süre de bunu başarabilecek durumda bulunan burjuvazinin birleşmesinin bir sonucudur. Demek ki proleterler bu aşamada kendi düşmanlarına karşı değil, düşmanlarının düşmanlarına karşı, mutlak monarşinin kalıntılarına, toprak sahiplerine, sanayici olmayan burjuvalara, küçük burjuvalara karşı savaşırlar. Böylece bütün tarihî hareket burjuvazinin elinde yoğunlaşır; böyle elde edilen her zafer burjuvazinin zaferi olur.

Ama sanayinin gelişmesiyle birlikte proletarya yalnızca sayıca artmakla kalmaz; daha büyük kitleler hâlinde bir araya gelir, güçlenir ve bu gücün daha fazla farkına varır. Makineler çalışmadaki bütün ayrımları silip attıkça ve ücretleri hemen her yerde aynı düşük düzeye indirdikçe proletaryanın saflarındaki farklı çıkarlar, yaşam koşulları da gitgide eşitlenir. Burjuvalar arasında durmadan büyüyen rekabet ve bunun sonunda ortaya çıkan ticari bunalımlar işçi ücretlerini gittikçe daha dalgalı kılar. Makineler gittikçe daha hızlı geliştiği, durmadan iyileştiği için geçimleri günden güne belirsizleşir; tek tek işçiler ile tek tek burjuvalar arasındaki çarpışmalar giderek iki sınıf arasındaki çarpışmalar niteliğini alır. İşçiler burjuvalara karşı koalisyonlar kurmaya başlarlar; ücretlerini savunmak için omuz omuza verirler. Hatta zaman zaman meydana gelen isyanlara önceden hazırlanabilmek için kalıcı birlikler kurarlar. Bu kavga yer yer ayaklanmalara dönüşür.

Kimi zaman işçiler galip gelir, ama yalnız bir süre için. İşçilerin mücadelelerinin gerçek sonucu hemen o anda elde edilen başarıda değil, işçilerin durmadan genişleyen birliğindedir. Büyük sanayice yaratılan ve farklı bölgelerdeki işçilerin birbirleriyle bağlantı kurmalarını sağlayan gelişmiş iletişim araçları bu birliğe yardımcı olur. Hepsi de aynı niteliği taşıyan çok sayıda yerel mücadeleyi ülke çapında tek bir sınıf mücadelesinde merkezîleştirmek için gerekli olan da sırf bu bağlantıdır işte. Ama her sınıf mücadelesi siyasi bir mücadeledir. Ve Ortaçağ kent soylularının, köyler arası yollarıyla ancak birkaç yüzyılda ulaşabildikleri bu birliğe modern proleterler demiryollarıyla birkaç yılda ulaşırlar.

Proleterlerin bir sınıf olarak ve bunun sonunda da bir siyasi parti olarak örgütlenmeleri işçilerin kendi aralarındaki rekabet yüzünden ha bire tökezler. Ama her seferinde daha güçlü, daha sağlam, daha kudretli olarak doğrulup ayağa kalkar. Burjuvazinin kendi içindeki bölünmelerden yararlanarak işçilerin belli çıkarlarının yasal olarak tanınmasını sağlar. İngiltere'de on saatlik iş günü tasarısı böyle yasalaşmıştır.

Genel olarak eski toplumun içindeki çarpışmalar proletaryanın gelişme sürecini birçok bakımdan hızlandırır. Burjuvazi sürekli bir kavganın içinde bulur kendini: İlk başta aristokrasiyle; daha sonra burjuvazinin kendisinin, çıkarları sanayinin ilerlemesiyle çelişen kesimleriyle; her zaman da bütün yabancı ülkelerin burjuvazisiyle. Burjuvazi bütün bu kavgalarda proletaryaya başvurmak, proletaryadan yardım istemek ve dolayısıyla proletaryayı siyasi harekete çekmek zorunda kalır. Bu yüzden burjuvazi, kendi eğitiminin unsurlarını proletaryaya kendi eliyle sağlar, başka bir deyişle proletaryayı kendisine karşı savaşması için gerekli silahlarla donatır.

Ayrıca daha önce de gördüğümüz gibi sanayinin ilerlemesiyle birlikte hâkim sınıfın bazı bileşenleri tümüyle proletaryanın saflarına itilir ya da en azından yaşam koşulları tehlikeye girer. Bunlar da proletaryaya bir yığın eğitim unsuru sağlar.

En sonunda, sınıf mücadelesinin belirleyici anının yaklaştığı zamanlarda hâkim sınıf içinde, bütün bir eski toplum içinde süreduran dağılma süreci öylesine sert, öylesine keskin bir nitelik alır ki hâkim sınıfın küçük bir kesimi kendini o sınıftan koparır ve devrimci sınıfa, geleceği elinde tutan sınıfa katılır. İşte bu yüzden bir zamanlar nasıl soyluluğun bir kesimi burjuvazinin safına geçtiyse şimdi de burjuvazinin bir kesimi, özellikle de burjuva ideologlarının tarihin akışının bir bütün olarak teorik anlayışına erişmiş bir kesimi proletaryanın safına geçer.

Bugün burjuvaziyle karşı karşıya gelen bütün sınıflar arasında yalnızca proletarya gerçekten devrimci bir sınıftır. Öteki sınıflar büyük sanayi karşısında çürür ve yok olur; proletarya ise büyük sanayinin en has ürünüdür.

Orta zümreler, küçük sanayici, küçük tüccar, zanaatkâr, bütün bunlar orta zümreler olarak varlıklarını sürdürebilmek için burjuvaziye karşı mücadele ederler. Şu hâlde bunlar devrimci değil, muhafazakârdır. Dahası gericidirler, tarihin tekerleğini geriye doğru çevirmeye çalışırlar. Eğer devrimci bir yönleri varsa sırf proleterleşmek üzere oldukları için vardır; bu yönleriyle şimdiki çıkarlarını değil, gelecekteki çıkarlarını savunurlar, kendi bakış açılarını bir yana bırakır, proletaryanın bakış açısını benimserler. – Lümpen proletarya, eski toplumun en alt tabakalarının sessizce çürüyüp gitmesiyle oluşan bu yığın, yer yer bir proletarya devrimiyle hareketin içine sürüklenebilir, ne var ki içinde bulunduğu yaşam koşulları onu gerici kışkırtmaların satın alınmış bir aleti olup çıkmaya daha yatkın kılar.

Proletaryanın yaşadığı koşullarda eski toplumun yaşam koşulları şimdiden yok olmuştur. Proleterin mülkü yoktur; proleterin karısı ve çocuklarıyla olan ilişkisinin burjuva aile ilişkisiyle hiçbir ortak yanı kalmamıştır; İngiltere'de de Fransa'da da Amerika'da da Almanya'da da aynı olan modern sanayi emeği, sermayenin modern boyunduruğu proleterde ulusal karakterin zerresini bırakmamıştır. Proleterin gözünde yasalar da ahlak da din de ardında bir sürü burjuva çıkarının pusuya yattığı bir sürü burjuva önyargısından başka bir şey değildir.

Bugüne kadar hâkimiyeti ele geçiren bütün sınıflar toplumun tümünü kendi mülk edinme koşullarına tabi kılarak, elde etmiş oldukları konumu sağlamlaştırmaya çalışmışlardır. Proleterler daha önceki kendi mülk edinme tarzlarını ve böylece daha önceki bütün mülk edinme tarzlarını ortadan kaldırmaksızın toplumun üretici güçlerinin efendisi olamazlar. Proleterlerin güvenlik altına alınacak hiçbir şeyleri yoktur; onlara düşen daha önceki bütün özel güvenlik ve özel sigortaları ortadan kaldırmaktır.

Bugüne kadarki bütün hareketler ya azınlık hareketleri olmuşlardır ya da azınlıkların yararına hareketler. Proletarya hareketi ise muazzam çoğunluğun muazzam çoğunluk yararına bağımsız hareketidir. Günümüz toplumunun en alt tabakası olan proletarya resmî toplumu oluşturan tabakaların üstyapısı tümüyle havaya uçurulmadan ayağa kalkıp doğrulamaz.

İçerikte olmasa bile biçimde proletaryanın burjuvaziye karşı mücadelesi ilk önce ulusal bir mücadeledir. Hiç kuşkusuz her bir ülkenin proletaryası önce kendi burjuvazisiyle hesaplaşmak zorundadır.

Proletaryanın gelişmesinin genel evrelerini resmederken mevcut toplumda hüküm süren az çok üstü kapalı iç savaşı, bu savaşın açık bir devrime dönüştüğü ve burjuvazinin zorla al aşağı edilmesi sayesinde proletaryanın hâkimiyetinin temelini attığı noktaya kadar izledik.

Daha önce de gördüğümüz gibi bugüne kadarki her toplum biçimi ezen ve ezilen sınıfların karşıtlığına dayanmıştır. Gelgelelim bir sınıfı ezebilmek için ona hiç değilse kölece varoluşunu güç bela sürdürebileceği koşulları sağlamak gerekir. Serflik döneminde serf kendini komün üyesi durumuna yükseltmiş, küçük burjuva da feodal mutlakiyetin boyunduruğu altında bir burjuva durumuna yükselmeyi becermişti. Oysa modern işçi sanayinin ilerlemesiyle birlikte yükseleceği yerde her geçen gün kendi sınıfının koşullarının altına düşer. İşçi sefilleşir ve bu sefalet nüfustan da zenginlikten de daha hızlı gelişir.

İşte bu noktada burjuvazinin artık toplumun hâkim sınıfı olamayacağı ve kendi sınıfının varoluş koşullarını öncelikli yasa olarak topluma dayatamayacağı apaçık ortaya çıkar. Burjuvazi yönetmekten âcizdir, çünkü kölesine bu kölelik koşullarında bir varoluşu bile sağlayamaz, çünkü kölesinin öyle bir duruma düşmesine yol açar ki kölesi onu besleyeceği yerde o kölesini beslemek zorunda kalır. Toplum artık burjuvazinin hâkimiyeti altında yaşayamaz, başka bir deyişle burjuvazinin yaşamı artık toplumla bağdaşmaz.

Burjuva sınıfının varoluşunun ve hâkimiyetinin temel koşulu özel kişilerin elinde servetin birikmesi, sermayenin oluşması ve büyümesidir; sermayenin koşulu ücretli emektir. Ücretli emek sırf işçiler arasındaki rekabete dayanır. Burjuvazi sanayinin ilerlemesinin iradesiz ve dirençsiz taşıyıcısıdır. Bu gelişme işçilerin rekabetten kaynaklanan soyutlanmışlığının yerine işçilerin ortaklaşmaktan kaynaklanan devrimci birleşimini geçirir. İşte bu nedenle büyük sanayinin gelişmesi, üstünde burjuvazinin üretim yaptığı ve ürünleri mülk edindiği temelin kendisini burjuvazinin ayaklarının altından çeker. Dolayısıyla burjuvazi en başta kendi mezar kazıcısını üretir. Burjuvazinin yıkılışı ve proletaryanın zaferi aynı ölçüde kaçınılmazdır.

II. Proleterler ve Komünistler

Komünistler genel olarak proleterlerle nasıl bir ilişki içindedirler? Komünistler öteki işçi partileri karşısında özel bir parti değillerdir. Komünistlerin bir bütün olarak proletaryanın çıkarlarından ayrı ve farklı çıkarları yoktur.

Komünistler proletarya hareketini kalıba dökmek üzere hiçbir özel ilke koymazlar.

Komünistler öteki proletarya partilerinden yalnızca şu noktalarda ayrılırlar: Bir yandan proleterlerin farklı ulusal mücadelelerinde bütün proletaryanın ortak, milliyetten bağımsız çıkarlarını vurgular ve geçerli kılarlar, öte yandan proletarya ile burjuvazi arasındaki mücadelenin geçtiği çeşitli gelişme aşamalarında her zaman hareketin tümünün çıkarını temsil ederler.

Dolayısıyla Komünistler pratikte bütün ülkelerin işçi partilerinin en kararlı, hep ilerici bölümüdürler; teorik bakımdan proletaryanın geri kalan kitlesi karşısında proletarya hareketinin koşullarını, proletarya hareketinin seyrini ve genel sonuçlarını kavrama üstünlüğüne sahiptirler.

Komünistlerin yakın amacı bütün öteki proletarya partilerininkiyle birdir: proletaryanın bir sınıf olarak oluşması, burjuva hâkimiyetinin yıkılması, proletaryanın siyasi iktidarı ele geçirmesi. Komünistlerin teorik önermeleri asla şu ya da bu nizam-ı âlemci tarafından icat edilen ya da keşfedilen düşüncelere, ilkelere dayanmaz.

Bu önermeler var olan bir sınıf mücadelesinin, gözlerimizin önünde süreduran tarihî bir hareketin fiilî ilişkilerinin genel birer ifadesidir, o kadar. Şimdiye kadarki mülkiyet ilişkilerine son verilmesi komünizmin ayırt edici bir özelliği değildir.

Bütün mülkiyet ilişkileri sürekli bir tarihî değişmeye, sürekli bir tarihî değişikliğe uğramıştır.

Söz gelimi Fransız Devrimi feodal mülkiyete son vererek onun yerine burjuva mülkiyetini geçirmiştir.

Komünizmin ayırt edici özelliği genel olarak mülkiyete son verilmesi değil, burjuva mülkiyetine son verilmesidir.

Ama modern burjuva özel mülkiyeti sınıf karşıtlıklarına, bazılarının başkaları tarafından sömürülmesine dayalı üretim ve ürünleri mülk edinme düzeninin en son ve en eksiksiz ifadesidir.

Bu anlamda Komünistlerin teorisi tek bir ifadeyle özetlenebilir: özel mülkiyete son verilmesi.

Biz Komünistler kişisel olarak edinilmiş, insanın kendi emeğinin ürünü olan mülkiyete; her türlü kişisel özgürlük, faaliyet ve bağımsızlığın temeli olduğu ileri sürülen mülkiyete son vermek istemekle suçlanmışızdır.

İnsanın çalışarak elde ettiği, edindiği, kendi çabasıyla kazandığı mülkiyet! Burjuva mülkiyetinden önceki küçük burjuva, küçük köylü mülkiyeti mi sözünü ettiğiniz? Bunu ortadan kaldırmamıza gerek yok; sanayinin gelişmesi onu yok etmiş bulunuyor ve her gün yok ediyor.

Yoksa modern burjuva özel mülkiyetinden mi söz ediyorsunuz?

Peki, ücretli emek, proleterin emeği onun için mülkiyet yaratır mı? Asla. Ücretli emek sermaye yaratır, başka bir deyişle ücretli emeği sömüren, yeniden sömürülecek yeni ücretli emek oluşturmaksızın çoğalamayan bir mülkiyet yaratır. Bugünkü biçimiyle mülkiyet, sermaye ile ücretli emeğin karşıtlığı içinde hareket eder.

Bu karşıtlığın her iki yanını inceleyelim şimdi de:

Sermayeci olmak demek üretimde salt kişisel bir konum değil, aynı zamanda toplumsal bir konum da almak demektir. Sermaye ortaklaşa bir üründür ve ancak toplumun çok sayıda üyesinin birleşik eylemiyle, hatta son kertede ancak toplumun bütün üyelerinin birleşik eylemiyle harekete geçirilebilir. İşte bu yüzden sermaye kişisel değil, toplumsal bir güçtür.

Dolayısıyla sermaye ortak, toplumun bütün üyelerine ait bir mülkiyete dönüştürüldüğü zaman kişisel mülkiyet toplumsal mülkiyete dönüştürülmüş olmaz. Değişen, mülkiyetin toplumsal niteliğidir yalnızca. Mülkiyet sınıf niteliğini yitirir, o kadar.

Şimdi ücretli emeği ele alalım:

Ücretli emeğin ortalama fiyatı asgari ücrettir, yani işçinin bir işçi olarak hayatta kalabilmesi için gerekli olan geçim araçlarının tutarıdır. Bu nedenle ücretli emekçinin faaliyetiyle kazandığı, kuru canını yeniden üretmesine ancak yeter. Biz emek ürünleri üzerindeki bu kişisel mülk edinmeyi, doğrudan doğruya hayatın yeniden üretilmesini sağlayan ve başkalarının emeğine hükmetmeyi mümkün kılacak hiçbir safi getiri bırakmayan bir mülk edinmeyi asla ortadan kaldırmak niyetinde değiliz. Bizim bütün istediğimiz bu mülk edinmenin işçinin yalnızca sermayeyi artırmak için yaşadığı, ancak hâkim sınıfın çıkarının gerektirdiği ölçüde yaşadığı sefil niteliğini ortadan kaldırmaktır. Burjuva toplumunda canlı emek birikmiş emeği artırmanın bir aracından başka bir şey değildir. Komünist toplumda ise birikmiş emek işçilerin yaşam sürecini daha kapsamlı kılmanın, zenginleştirmenin, ilerletmenin bir aracından başka bir şey değildir.

Demek ki burjuva toplumunda geçmişin bugüne hükmetmesine karşılık komünist toplumda bugün geçmişe hükmeder. Burjuva toplumunda sermaye bağımsızdır ve kişiseldir, faal birey ise bağımlıdır ve kişiliksizdir.

Burjuvaziye bakarsanız, bu ilişkinin ortadan kaldırılması, kişiliğin ve özgürlüğün ortadan kaldırılmasıdır! Haklıdır. Ancak söz konusu olan, burjuva kişiliğini, bağımsızlığını ve özgürlüğünü ortadan kaldırmaktır.

Günümüz burjuva üretim ilişkilerinde özgürlükten kastedilen serbest ticaret, serbest alım satımdır.

Ama bezirgânlık ortadan kalkarsa serbest bezirgânlık da ortadan kalkar. Serbest bezirgânlığa ilişkin bu boş sözler burjuvazimizin özgürlüğe ilişkin bütün öteki kurusıkı atıcılıkları gibi ancak Ortaçağın sınırlı bezirgânlığına karşı, eli kolu bağlı kent soylularına karşı söylendikleri zaman bir anlam taşır; yoksa bezirgânlığın, burjuva üretim ilişkilerinin ve burjuvazinin kendisinin komünizmce ortadan kaldırılmasına karşı söylendikleri zaman hiçbir anlam taşımazlar.

Özel mülkiyete son vermek istememizi dehşetle karşılıyorsunuz. Ama sizin bugünkü toplumunuzda nüfusun onda dokuzu için özel mülkiyete son verilmiştir; özel mülkiyetin bulunmasının nedeni onda dokuzun elinde bulunmamasıdır. Demek ki siz bizi ancak toplumun ezici çoğunluğu için hiçbir mülkiyetin bulunmaması koşuluyla var olabilen bir mülkiyete son vermek istemekle suçluyorsunuz.

Uzun sözün kısası bizi sizin mülkiyetinize son vermek istemekle suçluyorsunuz. Elbette bizim istediğimiz bu.

Emeğin artık sermayeye, paraya, toprak rantına, kısacası tekel altına alınabilecek bir toplumsal güce dönüştürülemez olduğu anda, bir başka deyişle kişisel mülkiyetin artık burjuva mülkiyetine dönüştürülemez olduğu anda kişinin de ortadan kalkacağını söylüyorsunuz.

O zaman kişi derken burjuvadan, burjuva mülk sahibinden başkasını kastetmediğinizi itiraf ediyorsunuz. Elbette bu kişi ortadan kaldırılmalıdır.

Komünizm hiç kimseyi toplumun ürünlerini mülk edinme gücünden yoksun kılmaz, insanı böyle bir mülk edinme yoluyla başkalarının emeğini boyunduruk altına alma gücünden yoksun kılar, hepsi bu.

Özel mülkiyete son verilecek olursa her türlü faaliyet durur ve genel bir tembellik yayılır diye bir itirazda bulunulmuştur.

Öyle olsaydı burjuva toplumu atalet yüzünden çoktan yıkılıp gitmiş olurdu; çünkü bu toplumda çalışanlar kazanmazken kazananlar çalışmamaktadırlar. Bütün bu tereddüt şu totolojiden başka bir yere varmaz: Sermaye diye bir şey kalmayınca ücretli emek diye bir şey de kalmaz.

Maddi ürünlerin komünist mülk edinme ve üretim tarzına karşı ileri sürülen bütün itirazlar zihnî ürünlerin mülk edinme ve üretim tarzına da yaygınlaştırılmıştır.

Burjuva sınıf, mülkiyetinin ortadan kalkmasını nasıl üretimin kendisinin ortadan kalkması olarak görürse sınıf eğitiminin ortadan kalkmasını da bütün eğitimin ortadan kalkması olarak görür. Burjuvanın yitirilecek diye yakındığı eğitim muazzam çoğunluk için bir makine gibi davranacak biçimde eğitilmektir.

Ama bizimle tartışırken kendi burjuva özgürlük, eğitim, hukuk vb. tasarımlarınızla burjuva mülkiyetine son verilmesini ölçüp durmayın. Sizin düşüncelerinizin kendileri burjuva üretim ve mülkiyet ilişkilerinin birer ürünüdür, tıpkı hukukunuzun da sizin sınıfınızın yasa hâline getirilen iradesinden, içeriği sizin sınıfınızın maddi yaşam koşullarınca belirlenen bir iradeden başka bir şey olmayışı gibi.

Sizi üretim ve mülkiyet ilişkilerinizi tarihî, üretimin seyri içinde gelip geçici ilişkilerden ölümsüz doğa ve akıl yasalarına dönüştürmeye yönelten bencil yanılgı, yok olmuş bütün hâkim sınıflarla paylaştığınız bir yanılgıdır. Antik mülkiyet söz konusu olduğunda kavradığınız, feodal mülkiyet söz konusu olduğunda kavradığınız şeyi burjuva mülkiyetine gelince kavrayamazsınız tabii.

Ailenin ortadan kaldırılması! En köklü değişiklikleri savunanların bile Komünistlerin bu yüz kızartıcı niyeti karşısında kanı beynine sıçrıyor.

Bugünkü aile, burjuva ailesi neye dayanıyor? Sermayeye, özel kazanca. Bu aile tam olarak gelişmiş biçimiyle yalnızca burjuvazi için vardır; ama bu durum proleterlere ailesizliğin dayatılmasıyla ve açık fuhuşla tamamlanıyor.

Kendisini tamamlayan şey kaybolup gittiği zaman doğal olarak burjuvaların ailesi de kaybolup gidecek ve sermayenin ortadan kalkmasıyla birlikte her ikisi de ortadan kalkacaktır.

Siz çocukların ana babaları tarafından sömürülmesine son vermek istemekle mi suçluyorsunuz bizi? Bu suç kabulümüzdür.

Ama, diyeceksiniz, ev eğitiminin yerine toplumsal eğitimi geçirmekle en sıcak ilişkileri yıkıyorsunuz.

Peki, sizin eğitiminiz de toplumca belirlenmiş değil mi? Onu da içerisinde eğitim yaptığınız toplumsal ilişkiler, toplumun okul vb. aracılığıyla yaptığı dolaysız ya da dolaylı müdahale belirlemiyor mu? Toplumun eğitimi etkilemesini Komünistler icat etmez; Komünistlerin yaptığı bu etkilemenin niteliğini değiştirmekten, eğitimi hâkim sınıfın nüfuzundan kurtarmaktan başka bir şey değildir.

Proleterler arasındaki bütün aile bağları büyük sanayinin sonucu olarak kopup parçalandıkça ve çocuklar basit birer ticari mal ve emek aracına dönüştükçe burjuvazinin aile ve eğitimden, ana baba ile çocukların sıcak ilişkisinden dem vurması bir kat daha iğrençleşiyor.

Ama siz Komünistler kadınların ortaklaşalığını getireceksiniz diye bir ağızdan yaygarayı basıyor bütün burjuvazi.

Burjuva, karısını sırf bir üretim aracı olarak görür. Üretim araçlarının ortaklaşa kullanılacağını duyunca da pek doğal olarak ortaklaşalık kaderinin kadınların da başına geleceğinden başka bir sonuca varamaz.

Söz konusu olanın tam da kadınların sırf birer üretim aracı olmaları konumunun ortadan kaldırılması olduğu aklının ucundan bile geçmez burjuvanın.

Ayrıca burjuvalarımızın Komünistler tarafından resmen kurulacağını iddia ettikleri, kadınların ortaklaşalığı karşısında duydukları yüksek ahlaklı dehşetten daha gülünç bir şey olamaz. Komünistlerin kadınların ortaklaşalığını getirmelerine gerek yoktur ki; hemen her zaman var olan bir şeydir bu.

Burjuvalarımız, bırakalım resmî fuhşu, yanlarında çalışan proleterlerin karılarının ve kızlarının emirlerinde olmalarıyla da yetinmez, karşılıklı olarak karılarını ayartmaktan büyük bir zevk alırlar.

Burjuva evliliği gerçekte evli kadınların ortaklaşalığıdır. Komünistler olsa olsa kadınların ortaklaşalığını ikiyüzlülükle gizlenen bir şey olmaktan çıkarıp resmî, açık yürekli bir şey hâline getirmek istemekle suçlanabilirler. Ayrıca bugünkü üretim ilişkilerinin ortadan kaldırılmasıyla birlikte kadınların bu ilişkilerden kaynaklanan ortaklaşalığının, yani resmî ve gayriresmî fuhşun da ortadan kalkacağı kendiliğinden anlaşılır.

Komünistler ayrıca vatanı, milliyeti ortadan kaldırmak istemekle suçlanıyorlar. İşçilerin vatanı yoktur. Onlarda olmayan bir şeyi alamayız onlardan. Proletarya önce siyasi hâkimiyeti ele geçirmek, ulusal sınıf[3] durumuna yükselmek, kendini ulus olarak kurmak zorunda olduğu ölçüde kendisi de hâlâ ulusaldır, ama asla sözcüğün burjuva anlamında değil.

---

3 1888: ulusun öncü sınıfı.

Ulusal bölünmeler ve halklar arasındaki karşıtlıklar burjuvazinin gelişmesiyle birlikte, ticaret özgürlüğüyle, dünya pazarıyla, sınai üretimin ve ona uygun düşen yaşam koşullarının bir biçimliliğiyle birlikte esasen her geçen gün biraz daha yok oluyor.

Proletaryanın hâkimiyeti bunların daha da büyük bir hızla yok olmasını sağlayacaktır. En azından uygar ülkelerin birleşik eylemi proletaryanın kurtuluşunun ilk koşullarından biridir.

Bireyin birey tarafından sömürülmesi ortadan kaldırıldığı ölçüde bir ulusun başka bir ulusu sömürmesi de ortadan kaldırılmış olacaktır. Ulusun içindeki sınıfların karşıtlığıyla birlikte ulusların birbirine beslediği düşmanlık da son bulacaktır.

Komünizme dinî, felsefi ve genel olarak ideolojik açılardan yöneltilen iddialar daha ayrıntılı bir incelemeyi hak etmiyor.

İnsanların yaşam koşullarıyla birlikte, toplumsal ilişkileriyle birlikte, toplumsal varoluşuyla birlikte tasarımlarının, görüşlerinin ve kavramlarının, sözün kısası bilincinin de değişikliğe uğradığını kavramak için daha derin bir anlayış gerekir mi?

Fikirler tarihi, maddi üretim değiştiği ölçüde zihnî üretimin de nitelik değiştirdiğinden başka neyi kanıtlamaktadır? Her çağın hâkim fikirleri her zaman hâkim sınıfın fikirleri olmuştur.

Bütün bir toplumu devrimcileştiren fikirlerden söz edildiği zaman eski toplumun bağrında yeni bir toplumun unsurlarının oluşmuş olması, eski fikirlerin çözülüşünün eski yaşam koşullarının çözülüşüne ayak uydurmasından başka bir olgu dile getirilmiş olmaz.

Eski dünya yok olmak üzereyken Hristiyanlık eski dinleri alt etmiş bulunuyordu. Hristiyanlık fikirleri 19. yüzyılda aydınlanma fikirlerine yenik düştüğünde ise feodal toplum o zamanın devrimci burjuvazisine karşı ölüm kalım savaşı veriyordu. Mezhep serbestliği ve din özgürlüğüne ilişkin fikirler serbest rekabetin bilgi alanındaki üstünlüğünün bir ifadesinden başka bir şey değildi.

"Ama", denilecektir, "dinî, ahlaki, felsefi, siyasi, hukuki fikirler vb. tarihî gelişmenin seyri içinde hiç kuşkusuz değişikliğe uğrar. Din, ahlak, felsefe, siyaset, hukuk bu değişme içinde hep ayakta kalmıştır. Üstelik bütün toplumsal durumlarda ortak olarak bulunan özgürlük, adalet vb. gibi ölümsüz doğrular vardır. Oysa komünizm ölümsüz doğruları ortadan kaldırır, dine, ahlaka yeniden şekil vereceğine bunları ortadan kaldırır, dolayısıyla da şimdiye kadarki bütün tarihî gelişmelere aykırı davranmış olur."

Bu iddia ne demeye geliyor? Şimdiye kadarki bütün toplumların tarihi değişik dönemlerde değişik biçimlere bürünen sınıf karşıtlıkları içinde hareket etmiştir. Ama bu karşıtlıklar hangi biçime bürünmüş olurlarsa olsunlar bütün geçmiş yüzyıllar için ortak bir olgu vardır; o da toplumun bir bölümünün öteki bölümünü sömürmesidir. Öyleyse gösterdiği olanca çeşitliliğe ve değişikliğe karşın bütün yüzyılların toplumsal bilincinin bazı ortak biçimler içinde, sınıf karşıtlığı tümüyle ortadan kalkmadıkça tamamen çözülmeleri olanaksız bilinç biçimleri içinde hareket etmesinde şaşılacak bir yan yoktur.

Komünist devrim geleneksel mülkiyet ilişkilerinden en köklü kopuştur; komünist devrimin gelişim seyrinin geleneksel fikirlerden en köklü kopuşu beraberinde getirmesine şaşmamak gerekir.

Ama burjuvazinin komünizme olan itirazlarını bir yana bırakalım. Yukarıda gördüğümüz gibi işçi devriminde ilk adım proletaryayı hâkim sınıf durumuna yükseltmek, demokrasi savaşını kazanmaktır.

Proletarya siyasi hâkimiyetini tüm sermayeyi burjuvazinin elinden adım adım söküp almak, bütün üretim araçlarını devletin, yani hâkim sınıf olarak örgütlenmiş proletaryanın elinde merkezîleştirmek ve üretici güçler kütlesini elden geldiğince hızlı bir biçimde artırmak için kullanacaktır.

Elbette başlangıçta mülkiyet hakkına ve burjuva üretim ilişkilerine despotik tecavüzlerde bulunmaksızın, dolayısıyla iktisaden yetersiz ve savunulamaz gibi görünen, ama hareketin seyri içinde kendilerini aşan ve üretim tarzını tümüyle altüst etmenin aracı olarak kaçınılmaz olan önlemler alınmaksızın bunu gerçekleştirmek olanaksızdır. Bu önlemler hiç kuşkusuz farklı ülkelere göre farklı olacaktır.

Gene de aşağıdaki önlemler en ileri ülkelerde oldukça genel olarak uygulanabilecektir:

1. Toprak mülkiyetinin kamulaştırılması ve toprak rantının devlet masraflarında kullanılması.

2. Ağır bir artan oranlı vergi.

3. Miras hakkının kaldırılması.

4. Bütün göçmen ve isyancıların mülkiyetine el konulması.

5. Kredinin devlet sermayesiyle işletilen ve münhasır tekel uygulayan bir ulusal banka aracılığıyla devlet elinde merkezîleştirilmesi.

6. Nakliye işlerinin devlet elinde merkezîleştirilmesi.

7. Ulusal fabrikaların, üretim araçlarının çoğaltılması, bütün büyük emlak ve arazilerin ortaklaşa bir plan uyarınca tarıma elverişli duruma konması ve iyileştirilmesi.

8. Herkes için eşit çalışma yükümlülüğü, özellikle tarım alanında sanayi ordularının kurulması.

9. Tarım ile sanayi işletmesinin birleştirilmesi, kent ile kırsal alan ayrımının giderek ortadan kaldırılması.

10. Bütün çocuklar için resmî ve parasız eğitim. Bugünkü biçimiyle çocukların fabrikada çalışmalarına son verilmesi. Eğitimin maddi üretimle birleştirilmesi vb.

Gelişimin seyri içinde sınıf farklılıkları ortadan kalktığı ve bütün üretim birleşmiş bireylerin elinde yoğunlaştığı zaman kamu iktidarı siyasi niteliğini yitirecektir. Gerçek anlamıyla siyasi iktidar bir sınıfın başka bir sınıfı ezmek için kullandığı örgütlü zordur. Eğer proletarya burjuvaziye karşı verdiği mücadele sırasında ister istemez sınıf olarak birleşiyorsa, eğer bir devrimle kendini hâkim sınıf durumuna getiriyor ve hâkim sınıf olarak eski üretim ilişkilerini zorla ortadan kaldırıyorsa o zaman bu üretim ilişkileriyle birlikte sınıf karşıtlığının varoluş koşullarını, genel olarak sınıfları ve böylelikle sınıf olarak kendi hâkimiyetini ortadan kaldırmış olacaktır.

Sınıfları ve sınıf karşıtlıklarıyla eski burjuva toplumunun yerini birimizin özgürce gelişmesinin hepimizin özgürce gelişmesinin koşulu olduğu bir birlik alacaktır.

III. Sosyalist ve Komünist Edebiyat

1. Gerici Sosyalizm

a) Feodal Sosyalizm

Fransız ve İngiliz aristokrasisi tarihî konumundan dolayı modern burjuva toplumuna karşı risaleler kaleme almayı kendine iş edindi. 1830'daki Fransız Temmuz İhtilali'nde, İngiliz reform hareketi sırasında bu sınıf o baş belası türedi karşısında bir kere daha pes etti. Ciddi bir siyasi mücadele söz konusu olamazdı artık. Yalnızca edebiyat kavgası kalıyordu geriye. Gel gör ki edebiyat alanında bile Restorasyon Döneminin* eski tumturaklı lafları olanaksızdı. Aristokrasi kendini sevimli gösterebilmek için kendi çıkarlarını görünüşte gözden kaybetmek ve burjuvaziye karşı şikâyetnamesini yalnızca sömürülen işçi sınıfı yararına formüle etmek zorunda kaldı. Böylece aristokrasi yeni efendisine hicviyeler düzerek ve yeni efendisinin kulağına az çok uğursuz kehanetler fısıldayarak teselli buldu.

İşte feodal sosyalizm böyle ortaya çıktı: Biraz yakınma, biraz taşlama, biraz geçmişin yankısı, biraz geleceğin göz-

* Kastedilen 1660-1689 İngiliz restorasyon dönemi değil, 1814-1830 Fransız Restorasyon Dönemidir. (Engels'in 1888 tarihli İngilizce baskıya notu.)

dağı, zaman zaman burjuvaziyi canevinden vuran dokunaklı, alaycı ve keskin, modern tarihin seyrini zerre kadar kavrayamadığı için etkisi bakımından her zaman gülünç kalan bir yargı.

Halkı kendi arkalarında toplayabilmek için proleter dilenci torbasını ellerinde salladılar. Ama halk ne zaman onları izlediyse kıçlarındaki eski feodal armaları fark etti ve hiç de saygılı olmayan kahkahalar atarak dağıldı.

Fransız Meşruiyetçilerinin[4] bir bölümü ve Genç İngiltere[5] bu temaşayı sundu.

Feodaller kendi sömürü tarzlarının burjuva sömürüsünden farklı olduğunu kanıtlarken kendilerinin çok farklı durum ve koşullarda sömürdüklerini ve o durum ve koşulların artık geçmişte kaldığını unuturlar. Kendi hâkimiyetleri sırasında modern proletaryanın var olmadığını ispatlarken tam da modern burjuvazinin kendi toplum düzenlerinin zorunlu yavrusu olduğunu unuturlar.

Bir de eleştirilerinin gerici niteliğini o kadar az gizlerler ki burjuvaziye yönelttikleri başlıca iddia tam da şu

---

4 Meşruiyetçiler – 1830'da devrilen Bourbon hanedanının taraftarları; irsî büyük arazi sahipliğinin çıkarlarını temsil ediyorlardı. Finans aristokrasisi ile büyük burjuvaziye dayanan Orléans hanedanının hâkimiyetine karşı verilen mücadelede Meşruiyetçilerin bir kesimi zaman zaman sosyal laf ebeliğine başvurarak burjuvazinin sömürüsüne karşı emekçilerin koruyucusu gibi davrandı.

5 Genç İngiltere (Young England) – Muhafazakâr Partiye mensup İngiliz siyaset ve kalem erbabından oluşan grup; bu grup 19. yüzyılın kırklı yıllarının başlarında kuruldu. Genç İngiltere temsilcileri burjuvazinin gittikçe büyüyen iktisadi ve siyasi iktidarı karşısında toprak aristokrasisinin hoşnutsuzluğunu dile getiriyor, işçi sınıfını nüfuzları altına alarak burjuvaziye karşı mücadelede kullanmak için demagojik araçlara sığınıyorlardı. Genç İngiltere'nin ünlü temsilcileri arasında Disraeli, Thomas Carlyle ve başkaları vardı.

noktadan ibaret kalır: Burjuvazinin rejimi sırasında eski toplum düzenini tümüyle havaya uçuracak olan bir sınıf gelişmektedir.

Burjuvaziyi daha çok bir proletarya yarattığı için değil de devrimci bir proletarya yarattığı için kınarlar.

Dolayısıyla siyasi pratikte işçi sınıfına karşı alınan bütün cebir önlemlerine katılırlar, günlük hayatta ise ettikleri onca tumturaklı söze karşın altın elmaları toplamak ve sadakati, sevgiyi ve onuru koyun yünü, şeker pancarı ve ispirtolu içki bezirgânlığına değişmeye gönül indirirler.*

Papaz nasıl her zaman feodalle el ele yürümüşse papaz sosyalizmi de her zaman feodal sosyalizmle el ele yürümüştür.

Hristiyan çileciliğine azıcık sosyalizm karıştırmaktan daha kolay bir şey yoktur. Hristiyanlık da özel mülkiyete, evlenmeye, devlete şiddetle karşı koymamış mıdır? Bunların yerine hayırseverliği ve dilenciliği, evlenme yasağını ve riyazeti, manastır hayatını ve kiliseyi vaaz etmemiş midir? Hristiyan sosyalizmi aristokratın yüreğindeki hiddeti kutsamak için papazın serptiği kutsal sudan başka bir şey değildir.

* Bu esas olarak toprak soyluluğu ile yunker takımının mülklerinin büyük bölümünü kendi hesaplarına kâhyalarına yönettirdikleri ve ayrıca büyük çapta pancar şekeri ve patates rakısı üreticisi oldukları Almanya için söz konusudur. Daha zengin olan İngiliz aristokratları şimdilik bu kadar düşmediler; ama onlar da gittikçe azalan rantların açığını unvanlarını ne idüğü belirsiz anonim şirket kurucularına teslim ederek kapatmasını biliyorlar. (Engels'in 1888 tarihli İngilizce baskıya notu.)

b) Küçük Burjuva Sosyalizmi

Feodal aristokrasi, burjuvazinin yıktığı, yaşam koşulları modern burjuva toplumunda yok olmaya yüz tutan ve körelen tek sınıf değildir. Ortaçağ kasaba eşrafı ve küçük köylü zümresi modern burjuvazinin ilk habercileriydiler. Sanayi ve ticaret bakımından az gelişmiş ülkelerde bu sınıf bugün hâlâ, yükselen burjuvazinin yanı başında âdeta bitkisel bir hayat yaşamaktadır.

Modern uygarlığın geliştiği ülkelerde proletarya ile burjuvazi arasında yalpalayan ve burjuva toplumunun tamamlayıcı bir parçası olarak kendini durmadan yeni baştan oluşturan yeni bir küçük burjuvazi oluşmuştur. Ne var ki bu sınıfın mensupları rekabetin etkisiyle sürekli olarak proletaryanın içine savrulmakta, hatta büyük sanayi geliştikçe modern toplumun bağımsız bir parçası olarak tümüyle yok olacakları ve ticarette, manifaktürde, tarımda yerlerini ustabaşılara ve hizmetkârlara bırakacakları anın yaklaştığını görmektedirler.

Köylü sınıfının nüfusun yarısından çok fazlasını meydana getirdiği Fransa gibi ülkelerde burjuvaziye karşı proletaryanın yanında saf tutan yazarların burjuva rejimini eleştirirken küçük burjuva ve küçük köylü ölçeğini kullanmaları ve işçilerden yana küçük burjuvazinin bakış açısıyla taraf olmaları doğaldı. Küçük burjuva sosyalizmi böyle doğdu. Yalnızca Fransa'da değil, İngiltere'de de bu edebiyatın başını Sismondi çekiyor.

Bu sosyalizm modern üretim ilişkilerindeki çelişkileri büyük bir basiretle teşrih etti. İktisatçıların ikiyüzlü methiyelerini açığa vurdu. Makinelerin ve iş bölümünün yıkıcı etkilerini, sermayelerin ve toprak mülkiyetinin yoğunlaşmasını, aşırı üretimi, bunalımları, küçük burjuvaların ve köylülerin zorunlu yıkılışını, proletaryanın sefaletini, üretimdeki anarşiyi, servet dağılımındaki rahatsız edici eşitsizlikleri, ulusların karşılıklı sınai imha savaşını, eski göreneklerin, eski aile ilişkilerinin, eski milliyetlerin çözülmesini yadsınmaz bir biçimde kanıtladı.

Gelgelelim olumlu içeriği bakımından bu sosyalizm ya eski üretim ve mübadele araçlarını ve onlarla birlikte eski mülkiyet ilişkilerini ve eski toplumu onarmayı amaçlar ya da modern üretim ve mübadele araçlarını bu araçlarca parçalanmış ve parçalanması kaçınılmaz olan mülkiyet ilişkilerinin çerçevesi içine yeniden zorla hapsetmeyi. Her iki durumda da hem gericidir hem de ütopik. Manifaktürde lonca düzeni, kırsal alanda ataerkil ilişkiler, son sözü budur onun.

Daha sonraki gelişmesi içinde bu doğrultu korkakça bir vicdan azabına kapılıp gitti.[6]

c) Alman Sosyalizmi ya da "Hakiki" Sosyalizm

İktidarda bulunan bir burjuvazinin baskısı altında doğan ve bu iktidara karşı mücadelenin edebî ifadesi olan Fransız sosyalist ve komünist edebiyatı Almanya'ya getirildiğinde bu ülkede burjuvazinin feodal mutlakiyete karşı mücadelesi henüz başlamıştı.

6 1888'de bu cümle şöyledir: Sonunda inatçı tarihî olgular kendi kendini kandırmanın sarhoşluğunu dağıttığı zaman sosyalizmin bu biçimi yürekler acısı bir vicdan azabına dönüşerek soysuzlaştı.

Alman filozofları, yarı filozofları ve edebiyat meraklıları bu edebiyatı şevkle kaptılar; ancak bu yazılar Fransa'dan göç ederken Fransa'daki yaşam koşullarının onlarla birlikte Almanya'ya göç etmediğini unuttular. Fransız edebiyatı Almanya'daki ilişkiler karşısında dolaysız pratik anlamını bütün bütüne yitirdi ve salt edebî bir görünüme büründü. İster istemez insanın özünün gerçekleştirilmesine ilişkin boş bir spekülasyon olarak görünecekti. Dolayısıyla 18. yüzyıl Alman filozofları ilk Fransız Devrimi'nin taleplerini genel olarak "pratik aklın" talepleri olarak görmekten ve Fransız burjuvazisinin irade beyanını da salt iradenin, olması gereken iradenin, gerçek insan iradesinin yasaları olarak anlamaktan öteye geçemediler. Alman kalem erbabı yeni Fransız fikirlerini eski felsefi vicdanıyla uyumlu bir duruma getirmekten, daha doğrusu kendi felsefi bakış açısından hareketle Fransız fikirlerini mülk edinmekten öte bir çaba göstermedi. Bu mülk edinme tıpkı genel olarak bir yabancı dilin mülk edinilmesi gibi, yani çeviri yoluyla gerçekleşti.

Keşişlerin, eski putperestlik döneminin klasik eserlerinin kayıtlı olduğu el yazmalarının üzerine Katolik azizlerin yavan hayat hikâyelerini yazdıkları bilinir. Alman kalem erbabı dünyevi Fransız edebiyatına keşişlerin yaptıklarının tersini yaptı. Kendi felsefi saçmalıklarını Fransızca asılların arkasına yazdılar. Söz gelişi para ilişkilerinin Fransızlar tarafından yapılan eleştirisinin arkasına "insan özünün dışsallaşması", burjuva devletinin Fransızlar tarafından yapılan eleştirisinin arkasına da "soyut genel olanın hâkimiyetinin aşılması" vb. gibi şeyler yazdılar.

Fransızlar tarafından geliştirilenlerin altına koydukları bu felsefi boş lafları "eylem felsefesi", "gerçek sosyalizm", "Alman sosyalizm bilimi" vb. türünden adlarla vaftiz ettiler.

Böylece Fransız sosyalist-komünist edebiyatı âdeta hadımlaştırıldı. Ve bu edebiyat Almanların elinde bir sınıfın bir başkasına karşı mücadelesini ifade etmekten çıktığı için Alman "Fransız tek yanlılığı"nın üstesinden geldiğine, hakiki ihtiyaçlar yerine hakikatin ihtiyacını, proleterin çıkarları yerine insan özünün, genel olarak insanın, hiçbir sınıfa, hele gerçekliğe ait olmayan, yalnızca felsefi fantezinin puslu âlemine ait olan insanın çıkarlarını savunduğuna seviniyordu.

Elindeki kaba saba okul alıştırmalarına böylesine ciddiyet ve vakarla sarılan ve onları bağıra çağıra pazarlayan bu Alman sosyalizmi bu arada yavaş yavaş kılı kırk yaran masumiyetini yitirdi. Alman burjuvazisinin, özellikle Prusya burjuvazisinin feodallere ve mutlak krallığa karşı mücadelesi, kısacası liberal hareket daha ciddi bir nitelik aldı.

Böylelikle "hakiki" sosyalizm siyasi hareketin karşısına sosyalizm talebiyle çıkmak, geleneksel beddualarıı liberalizme, temsilî devlete, burjuva rekabetine, burjuva basın özgürlüğüne, burjuva hukukuna, burjuva özgürlüğü ve eşitliğine yağdırmak ve halk kitlesine bu burjuva hareketinin kendilerine hiçbir şey kazandırmayacağını, tam tersine her şeylerini yitirmelerine yol açacağını vaaz etmek için ne zamandır beklediği fırsatı ele geçirmiş oldu. Alman sosyalizmi, ruhsuz bir yankısı olduğu

Fransız eleştirisinin kendisine uygun düşen maddi yaşam koşulları ve o koşullara uyarlanmış siyasi yapıyla birlikte modern burjuva toplumunu ön gerektirdiğini tam zamanında unutuverdi. Oysa Almanya'daki mücadelenin hedefi tam da bu ön koşulların elde edilmesinden başka bir şey değildi.

Alman sosyalizmi Alman mutlak hükûmetlerine ve onların maiyetindeki papazlar güruhu, ukala takımı, büyük toprak ağaları ve bürokratlara burjuvazinin tehdit edici yükselişi karşısında memnunlukla karşıladıkları bir korkuluk olarak hizmet etti.

Aynı hükûmetlerin Alman işçi ayaklanmalarına verdikleri kamçı darbeleri ve filinta mermileri acı ilacının üstüne sunulmuş bir tatlı oldu Alman sosyalizmi.

Dolayısıyla "hakiki" sosyalizm hükûmetlerin elinde Alman burjuvazisine karşı bir silah olurken aynı zamanda doğrudan doğruya gerici bir çıkarı, Alman kasaba eşrafının (Pfahlbürgerschaft) çıkarını, temsil ediyordu. Almanya'da 16. yüzyıldan devralınan ve o zamandan bu yana çeşitli kılıklarda durmadan ortaya çıkan küçük burjuvazi kurulu düzenin gerçek temelini oluşturur.

Bu sınıfı korumak demek Almanya'da kurulu düzeni korumak demektir. Burjuvazinin sınai ve siyasi hâkimiyeti bir yandan sermayenin yoğunlaşmasının, öte yandan devrimci bir proletaryanın doğmasının sonucu olarak bu sınıfı kesin bir yok oluşla yüz yüze getirmektedir. "Hakiki" sosyalizm bu iki kuşu bir taşla vuracağa benziyordu. Bir salgın gibi yayıldı.

Spekülatif örümcek ağlarından dokunmuş, tumturaklı belagat çiçekleriyle süslenmiş, aşk baygını duyguların çiy damlalarıyla ıslanmış kisve, Alman sosyalistlerinin tiridi çıkmış "ölümsüz hakikatler"ini sarıp sarmaladıkları bu abartılı kisve, yalnızca bu müşteriler arasında mallarının sürümünü artırdı. Alman sosyalizmine gelince o da bu kasaba eşrafının cafcaflı temsilcisi olma görevinin her geçen gün daha fazla farkına vardı.

Alman ulusunu normal ulus, dar kafalı Alman'ı da normal insan ilan etti. Bu normal insanın her vicdansızlığına gerçek niteliğinin tam tersine gizli, yüce, sosyalist bir anlam yakıştırdı. Bu çizgisini nihai sonucuna vardırarak komünizmin "kaba kuvvet" eğilimine doğrudan doğruya karşı çıktı ve bütün sınıf mücadeleleri karşısında tarafsız bir yücelik tasladı. Birkaç istisna dışında Almanya'da dolaşan sözde sosyalist ve komünist yayınların hepsi bu pis ve sinir bozucu edebiyatın alanına girer.*

2. Muhafazakâr Sosyalizm ya da Burjuva Sosyalizmi

Burjuvazinin bir bölümü burjuva toplumunun varlığını sürdürmesini sağlamak için toplumsal bozukluklara çare bulmak ister.

Buraya girenler: iktisatçılar, hayırseverler, insancıllar, emekçi sınıfların durumunu düzeltmeyi kendilerine

* 1848'deki devrim fırtınası bu pejmürde doğrultuyu tümden silip süpürdü ve taşıyıcılarının sosyalizmin ticaretini yapmaya devam etme heveslerini kırdı. Bu doğrultunun başlıca temsilcisi ve klasik numunesi Herr Karl Grün'dür. (Engels'in 1890 tarihli Almanca baskıya notu.)

iş edinenler, hayır işleri örgütleyicileri, hayvanları koruma derneği üyeleri, itidal ve kanaatkârlık derneği kurucuları, üçkâğıtçı reformcuların her türlüsü. Üstelik bu burjuva sosyalizminin tam bir sistem hâline getirildiği de olmuştur.

Proudhon'un *Philosophie de la misère*'ini buna örnek gösterebiliriz.

Sosyalist burjuvalar isterler ki hem modern yaşam koşullarının nimetlerinden yararlansınlar hem de bu koşulların kaçınılmaz sonucu olan mücadelelerden ve tehlikelerden uzak dursunlar. İsterler ki mevcut toplum sürsün, ama onu devrimcileştiren ve çözen unsurlar olmasın. Proletaryasız burjuvazi isterler. Burjuvazi doğal olarak kendisinin hâkim olduğu bir dünyayı dünyaların en iyisi sayar. Burjuva sosyalizmi bu avutucu tasarımı üzerinde çalışarak yarım ya da tam bir sistem hâline getirir. Proletaryayı bu sistemlerini gerçekleştirmeye davet ederken ve böylece dosdoğru yeni Kudüs'e kavuşmaya davet ederken aslında onun tek istediği proletaryanın bugünkü toplumun içinde kalması, ama onunla ilgili kinci tasarımlarından sıyrılmasıdır.

Bu sosyalizmin ikinci, daha az sistemli, ama daha pratik bir biçimi şu ya da bu siyasi değişikliğin değil, sadece maddi yaşam koşullarında, iktisadi ilişkilerde bir değişikliğin ona yarar sağlayabileceğini kanıtlayarak işçi sınıfını her devrimci hareketten tiksindirmeye çalışmıştır. Ne var ki bu sosyalizmin maddi yaşam koşullarında değişiklikten anladığı asla burjuva üretim ilişkilerine son verilmesi, yani ancak bir devrimle mümkün olan bir son verme değil, yalnızca bu üretim ilişkilerinin temelleri üstünde olup biten, bir başka deyişle sermaye ile ücretli emek ilişkisine hiç ilişmeyen, olsa olsa burjuvazi için hâkimiyetinin maliyetini azaltan ve onun devlet bütçesini basitleştiren idari iyileştirmelerdir.

Burjuva sosyalizmi en uygun ifadesini ancak tam bir söz sanatı olup çıktığı zaman bulur.

Serbest ticaret! çalışan sınıfın çıkarına; koruyucu gümrükler! çalışan sınıfın çıkarına; hücre hapsi! çalışan sınıfın çıkarına; burjuva sosyalizminin son sözü, ciddi niyet taşıyan tek sözü budur.

Burjuvazinin sosyalizminin özü tam da şu iddiadır: Burjuvalar burjuvadır -çalışan sınıfın çıkarına.

3. Eleştirel-Ütopyacı Sosyalizm ya da Komünizm

Burada bütün büyük modern devrimlerde proletaryanın taleplerini dile getirmiş olan edebiyattan söz etmiyoruz. (Babeuf'ün yazıları vb.)

Feodal toplumun yıkılmakta olduğu bir genel galeyan döneminde proletaryanın kendi sınıf çıkarını dolaysızca kabul ettirmek üzere giriştiği ilk çabalar kaçınılmaz olarak başarısızlıkla sonuçlandı. Çünkü o sıralar hem proletaryanın kendisi gelişmemiş bir durumdaydı hem de proletaryanın kurtuluşunun maddi koşulları henüz yoktu; bu koşullar ancak burjuva döneminin ürünü olabilirdi. Proletaryanın bu ilk hareketlerine eşlik eden devrimci edebiyatın içeriği ister istemez gericidir. Genel bir çilecilik ve kaba bir eşitçilik telkin eder.

Gerçekten sosyalist ve komünist olan sistemler, St.-Simon'un, Fourier'nin, Owen'ın sistemleri vb., proletarya ile burjuvazi arasındaki mücadelenin yukarıda sözünü ettiğimiz ilk döneminde, gelişmemiş olduğu döneminde doğar. (bk. Burjuvazi ve Proletarya.)

Gerçi bu sistemlerin mucitleri sınıf karşıtlığını da çözücü unsurların etkinliğini de hüküm süren toplumun kendisinde bulurlar. Ama proletarya tarafında tarihî bir öz devim, kendine özgü bir siyasi hareket görmezler.

Sınıf karşıtlığı sanayinin gelişmesiyle uygun adım geliştiğinden proletaryanın kurtuluşunun maddi koşullarını bulamaz ve bu koşulları yaratacak bir toplumsal bilim, toplumsal yasalar ararlar. Toplumsal faaliyetin yerini onların kişisel yaratıcı faaliyeti, kurtuluşun tarihî koşullarının yerini onların kafalarında yarattıkları koşullar, proletaryanın adım adım sınıf hâlinde örgütlenmesinin yerini de bu mucitlerin kendi kafalarından özel olarak bulup çıkardıkları bir toplum örgütlenmesi alacaktı. Gelecek dünya tarihi bunların gözünde kendi kafalarındaki toplum planlarının propagandası ve pratik uygulamasından ibarettir. Planlarında özellikle en çok acı çeken sınıf olarak çalışan sınıfın çıkarını savunduklarının gerçi bilincindedirler. Proletarya onlar için sadece bu acı çeken sınıf özelliğiyle vardır.

Ama gerek sınıf mücadelesinin gelişmemiş biçimi gerek kendi yaşam koşulları kendilerinin bu sınıf karşıtlığının çok üstünde olduklarına inanmalarını beraberinde getirir. Toplumun bütün üyelerinin, hatta durumu en iyi olanının bile yaşam koşullarını düzeltmek isterler. Dolayısıyla ayrım yapmaksızın sürekli toplumun tümüne, hatta tercihen hâkim sınıfa seslenirler. Mümkün olan en iyi toplumun mümkün olan en iyi planı olduğunu kabul etmek için onların sistemini bir kere anlamak yeter de artar.

Bundan dolayı her türlü siyasi eylemi, özellikle her türlü devrimci eylemi reddederler, hedeflerine barışçı yoldan varmak isterler ve küçük, başarısızlığa uğraması doğal olan deneylerle, örneklerin gücüyle yeni toplumsal İncil'in yolunu açmaya çabalarlar.

Geleceğin toplumunun gerçek dışı tasviri proletaryanın henüz hiç gelişmemiş olduğu, dolayısıyla kendi konumunu da ancak gerçek dışı bir gözle kavrayabildiği bir dönemde bu sınıfın toplumun bütünüyle yeniden şekillendirilmesine duyduğu ilk içgüdüsel özlemlerden doğar.

Ama sosyalist ve komünist yayınlar eleştirel unsurlardan da oluşur. Var olan toplumun bütün temellerine saldırırlar. Bu yüzden işçilerin aydınlanmasında son derece değerli bir malzeme sağladılar. Geleceğin toplumu üzerine olumlu önermeleri, örneğin kent ile kırsal alan arasındaki karşıtlığın, ailenin, özel kazancın, ücretli emeğin kaldırılması, toplumsal uyumun müjdelenmesi, devletin yalnızca üretimin yönetilmesine dönüştürülmesi –bütün bu önermeleri tam o sıralar yeni gelişmeye başlayan, ancak ilk, biçimlenmemiş belirsizliği içinde tanıdıkları sınıf karşıtlığının ortadan kalkmasından öte bir şeyi ifade etmez. Bu nedenle de söz konusu öneriler henüz tümüyle ütopik bir anlam taşıyor.

Eleştirel-ütopyacı sosyalizm ya da komünizmin önemi tarihî gelişmeyle ters orantılıdır. Sınıf mücadelesi ne kadar gelişir ve ne kadar şekillenirse mücadelenin güya üstüne çıkan bu tutum, mücadeleye yöneltilen bu hayal ürünü saldırılar da bütün pratik değerini, bütün teorik haklılığını o ölçüde yitirir. Bu nedenle bu sistemlerin sahipleri birçok bakımdan devrimci oldukları hâlde onların öğrencileri her seferinde gerici mezhepler oluştururlar. Bunlar proletaryanın tarihî gelişmesini devam ettirmesi karşısında ustalarının eski görüşlerine sıkı sıkıya sarılırlar. Dolayısıyla tutarlı olarak sınıf mücadelesini yeniden körletmeye ve karşıtlıkların arasını bulmaya çabalarlar. Hâlâ deneme yoluyla toplumsal ütopyalarını gerçekleştirmeyi, tek tek falansterler oluşturmayı, Home kolonileri kurmayı, küçük bir İkarya yaratmayı*–yeni Kudüs'ün muhtasar baskılarıdır bunlar– düşlerler. Bütün bu boş hayalleri kurabilmek için de burjuva yürekleri ve para keselerinin insan sevgisine seslenmek zorunda kalırlar.

Giderek daha önce sözünü ettiğimiz gerici ya da muhafazakâr sosyalistlerin kategorisine inerler ve onlardan sadece daha sistemli bilgiçlikleri ve kendi toplumsal bilimlerinin mucizevi etkilerine olan bağnaz batıl inançlarıyla ayrılırlar. Bu nedenle işçilerin sadece yeni İncil'e

* Falanster Charles Fourier tarafından planlanan sosyalist kolonilerin adıydı; Cabet kendi ütopyasına ve daha sonraları Amerika'daki komünist kolonisine İkarya adını vermişti. (Engels'in 1888 tarihli İngilizce baskıya notu.)

Owen kendi komünist örnek toplumlarına *Home* kolonileri (yurt kolonileri) adını vermişti. Falanster Fourier tarafından planlanan sosyal sarayların adıydı. Komünist ilkelere göre kuruluşunu Cabet'nin anlattığı ütopik fantezi ülkesine İkarya deniyordu. (Engels'in 1890 tarihli Almanca baskıya notu.)

kör bir inançsızlığın sonucu olabilecek her türlü siyasi hareketine öfkeyle karşı çıkarlar.

İngiltere'deki Owen'cılar, Fransa'daki Fourier'ciler sırasıyla Çartistlere ve reformculara[7] karşıdırlar.

IV. Komünistlerin Çeşitli Muhalefet Partileri Karşısındaki Konumu

Komünistlerin şimdiden kurulmuş işçi partileriyle ilişkileri, yani İngiltere'deki Çartistler ve Kuzey Amerika'daki toprak reformcularıyla ilişkileri II. bölümün ışığında kendiliğinden anlaşılır.

Komünistler işçi sınıfının dolaysız amaçlarına ve çıkarlarına ulaşılması için mücadele ederler; ama bugünkü hareketin içinde hareketin geleceğini de temsil ederler. Fransa'da muhafazakâr ve radikal burjuvaziye karşı sosyal-demokratik partiyle* birleşirler; ancak devrimci gelenekten aktarılan boş laflara ve yanılsamalara karşı eleştirel bir tutum takınma hakkından da vazgeçmezler.

---

7 Reformcular - Paris'te yayınlanan *La Réforme* gazetesinin yandaşları; cumhuriyet kurulmasını ve demokratik ve toplumsal reformların uygulanmasını savunuyorlardı.

* O dönemde parlamentoda Ledru-Rollin, edebiyatta Louis Blanc, günlük basında da *Réforme* gazetesince temsil edilen parti. Bunların bulduğu "sosyal demokrasi" adı demokratik ya da cumhuriyetçi partinin sosyalizme az çok bulaşmış bir bölümünü anlatıyordu. (Engels'in 1888 tarihli İngilizce baskıya notu.)
O dönemde Fransa'da kendine sosyalist-demokratik diyen parti siyasette Ledru-Rollin, edebiyatta da Louis-Blanc tarafından temsil edilendi; dolayısıyla bugünkü Alman sosyal demokrasisinden dağlar kadar farklıydı. (Engels'in 1890 tarihli Almanca baskıya notu.)

İsviçre'de Radikalleri desteklerler; ancak bu partinin çelişik unsurlardan, kısmen Fransa'daki anlamında demokratik sosyalistlerden, kısmen radikal burjuvalardan oluştuğunu gözden kaçırmazlar.

Polonyalılar arasında bir toprak devrimini ulusal kurtuluşun koşulu yapan partiyi, 1846'daki Kraków ayaklanmasını hayata geçiren partiyi, desteklerler.

Almanya'da Komünist Partisi burjuvazi devrimci bir tutum takınır takınmaz mutlak monarşiye, feodal toprak mülkiyetine ve küçük burjuvaziye karşı burjuvaziyle birlikte mücadele eder.

Ama burjuvazinin, hâkimiyetiyle birlikte getirmek zorunda olduğu toplumsal ve siyasi koşulları Alman işçileri burjuvaziye karşı birer silah olarak çevirebilsinler diye, Almanya'da gerici sınıflar devrildikten sonra burjuvazinin kendisine karşı mücadele derhâl başlasın diye burjuvazi ile proletarya arasındaki düşmanca karşıtlık konusunda işçilere olabildiğince açık bir bilinç kazandırmayı bir an bile ihmal etmezler. Komünistler dikkatlerini en başta Almanya'ya yöneltirler; çünkü Almanya burjuva devriminin arifesindedir ve çünkü bu altüst oluşu genel olarak Avrupa uygarlığının daha ileri olduğu koşullarda ve 17. yüzyıl İngiltere'si ile 18. yüzyıl Fransa'sındakinden çok daha gelişmiş bir proletaryayla gerçekleştirecektir. Öyle ki Alman burjuva devrimi ancak bir proletarya devriminin dolaysız ön gösterisi olabilir.

Kısacası Komünistler her yerde mevcut toplumsal ve siyasi düzene karşı her devrimci hareketi desteklerler.

Bütün bu hareketlerde ne ölçüde gelişmiş olduklarına bakmaksızın mülkiyet sorununu hareketin temel sorunu olarak öne çıkarırlar. Nihayet her yerde bütün ülkelerin demokratik partilerinin birleşmesi ve anlaşması için çalışırlar.

Komünistler görüşlerini ve niyetlerini gizlemeye tenezzül etmezler. Amaçlarına ancak şimdiye kadarki her türlü toplum düzeninin zorla devrilmesiyle ulaşılabileceğini açıkça ilan ederler. Varsın hâkim sınıflar bir komünist devrim korkusuyla titresin. Proleterlerin zincirlerinden başka kaybedecekleri bir şey yoktur. Kazanacakları bir dünya vardır.

Bütün ülkelerin işçileri, birleşin!

Komünist Manifesto

Önsözler

İngilizceden Çeviren
Tektaş Ağaoğlu

1872 Tarihli Almanca Baskıya Önsöz

Uluslararası bir işçi kuruluşu olan ve o günkü koşullarda doğal olarak ancak gizli faaliyet gösterebilen Komünistler Birliği 1847'de Londra'da toplanan kongrede, aşağıda imzası bulunanları, Partinin teorik ve pratik bir programını yayına hazırlamakla görevlendirdi. Şubat Devrimi'nden birkaç hafta önce, basılmak üzere Londra'ya gönderilen aşağıdaki manifestonun hazırlanmasına ilk böyle başlanmıştır. *Manifesto* ilk kez Almanca yayınlandıktan sonra, yine o dilde Almanya, İngiltere ve Amerika'da en az on iki ayrı baskısı yapıldı. İngilizce ilk baskısı 1850'de Miss Helen Macfarlane'in çevirisiyle Londra'da *Red Republican*'da yayınlandı. 1871'de de Amerika'da en az üç ayrı çevirisi çıktı. Fransızca bir baskısı 1848 Haziran Ayaklanmasından az önce Paris'te, geçenlerde de New York'da *Le Socialiste*'de yayınlandı. Yeni bir çevirisi halen hazırlanmaktadır. İlk Almanca baskısından kısa bir süre sonra Londra'da Lehçe çevirisi yayınlandı. 1880'lerde Cenevre'de bir Rusça çevirisi çıktı. İlk yayınından kısa bir süre sonra Danimarka diline de çevrildi.

Son yirmi beş yıl içerisinde koşullar ne denli değişmiş olursa olsun, bu manifestoda ortaya konan ana ilkeler genel olarak bugün de doğrudur. Şurda burda bazı ayrıntılar üzerinde belki daha çok durulabilir. İlkelerin pratikte uygulanışı, *Manifesto*'da da belirtildiği gibi, her yerde ve her zaman, halihazır tarihi koşullara bağlı olacaktır. Bu nedenle, ikinci bölümün sonunda önerilen devrimci tedbirlere özel bir ağırlık verilmemiştir. Orada yazılanlar, birçok bakımdan, bugün olsa çok başka bir biçimde kaleme alınırdı. Son yirmi beş yıldır çağdaş sanayinin dev adımlarıyla ilerlediği ve onunla birlikte işçi sınıfının parti örgütünün de gelişip yayıldığı göz önünde tutulacak olursa; ilkin Şubat Devrimi'nde, sonra da proletaryanın ilk kez tastamam iki ay süreyle iktidarı elinde tuttuğu Paris Komünü'nde daha da büyük ölçüde kazanılan pratik tecrübe göz önünde tutulacak olursa, bu program bazı ayrıntılarda eskimiştir. Komün özellikle bir şeyi ispatlamıştır: "İşçi sınıfı devlet çarkına hazırdan el koyup onu kendi amaçları için kullanamaz." (Bakınız: *Fransa'da İç Savaş; Uluslararası İşçi Birliği Genel Konseyi Bildirisi,* Londra, Truelove, 1871, s. 15. Orda bu nokta daha enine boyuna işlenmiştir.) Bundan başka, sosyalist literatürün eleştirisinin de günümüz için eksik olduğu açıkça ortadadır, çünkü 1847'den beriye varmamaktadır. Ayrıca, çeşitli muhalefet partileri karşısında Komünistlerin durumu hakkında söylenenler de (dördüncü bölüm), ilke olarak hâlâ doğru olmakla birlikte, pratikte artık eskimiştir; çünkü siyasi durum baştan aşağı değişmiş, tarihi gelişme o bölümde adı geçen siyasi partilerin çoğunu yeryüzünden silmiştir.

Ne ki *Manifesto* artık tarihi bir belgedir; onu değiştirmeye hakkımız yok. İlerde, 1847 ile günümüz arasında kalan boşluğu dolduracak bir girişle yeni bir baskısı çıkarılabilir belki. Elinizdeki yeniden-baskıyı hiç beklenmedik bir anda hazırlamak gerekti, onun için buna vakit bulamadık.

Karl Marx - Friedrich Engels
24 Haziran 1872, Londra.

1882 Tarihli Rusça Baskıya Önsöz

Komünist Partisi Manifestosu'nun, çevirisi Bakunin tarafından yapılan ilk Rusça baskısı *Kolokol*[1] basımevince 1860 yılları başında[2] yayınlandı. O zaman Batı için bu ("Manifesto"nun Rusça baskısı) olsa olsa bir edebi garabetti. Bugün artık öyle değildir.

Proletarya hareketinin o sıralarda (Aralık 1847) hâlâ ne kadar sınırlı bir kapsamı olduğu, "Manifesto"nun çeşitli ülkelerdeki çeşitli muhalefet partileri karşısında Komünistlerin durumunu gösteren son bölümünden açıkça bellidir. Orada, özellikle Rusya ile Birleşik Devletler'in sözü edilmez. Rusya'nın bütün Avrupa gericiliğinin son büyük yedek gücü olduğu, Birleşik Devletler'in de, göç yoluyla, Avrupa'nın fazlalık proletarya güçlerini yuttuğu dönemdi o zamanlar. Her iki ülke de Avrupa'ya hammadde sağlayan, aynı zamanda Avrupa'nın sanayi ürünlerinin pazarı olan ülkelerdi. Bu nedenle ikisi de o sırada, şu ya

1 Aleksandır Herzen'in Avrupa'da yayınladığı ünlü Rusça devrimci dergi. "Kolokol", Çan demektir.

2 Doğru tarih 1869'dur.

da bu biçimde, Avrupa'da yürürlükte olan düzeni ayakta tutuyorlardı.

Bugün durum ne kadar farklı! Kuzey Amerika'yı devasa bir tarım üretimine elverişli bir ülke haline getiren, doğrudan doğruya Avrupa göçleri olmuştur. Amerikan rekabeti Avrupa'nın büyük ve küçük toprak mülkiyetini temellerinden sarsıyor. Yine bu göçler, Birleşik Devletler'in korkunç sanayi kaynaklarını öyle bir enerjiyle ve öyle bir ölçüde işletmesini mümkün kılmıştır ki, Batı Avrupa'nın ve özellikle İngiltere'nin bugüne dek süregelen sanayi tekeli yakın bir gelecekte mutlaka kırılacaktır. Her iki durum da Amerika'yı devrimci bir yolda etkilemektedir. Bütün siyasi düzenin temeli olan, küçük ve orta çiftçilerin toprak mülkiyeti, dev çiftliklerin rekabeti karşısında adım adım geriliyor; aynı zamanda sanayi bölgelerinde, ilk kez, proletarya yığınları ve akıllara durgunluk veren bir sermaye yoğunlaşması beliriyor.

Rusya'ya gelince! 1848-49 devriminde yalnız Avrupa'nın prensleri değil, Avrupa'nın burjuvaları da, o yıllarda daha yeni uyanmaya başlayan proletaryanın elinden yakalarını ancak Rusya'nın işe karışması sayesinde kurtarabilmişlerdi. Çar, Avrupa gericiliğinin başı ilan edilmişti. Bugün Çar, Gaçina'da, devrimin savaş esiridir;[3] ve Rusya, Avrupa'da devrimci eylemin öncüsü olmuştur.

Komünist Manifesto'nun amacı, çağdaş burjuva mülkiyetinin yaklaşmakta olan kaçınılmaz yıkılışını ilan

---

3 Rus Çarı II. Aleksandır 1 Mart 1881'de gizli *Narodnaya Volya* (Halkın iradesi) örgütü üyeleri tarafından öldürülmüştü. Marx ve Engels, Rusya'da bu olaydan sonra ortaya çıkan duruma ve yeni Çar III. Aleksandır'ın o sıradaki korkak tutumuna değiniyorlar.

etmekti. Oysa Rusya'da, hızla gelişen kapitalist vurgunculuğun ve henüz gelişmeye başlayan burjuva toprak mülkiyetinin karşısında toprakların yarıdan fazlasının köylülerin ortak mülkiyetinde olduğunu görüyoruz. Şimdi soru şudur: Bir hayli çöküntüye uğramış olmakla birlikte yine de ilkel ortak toprak mülkiyetinin bir biçimi olan Rus obşçina'sı[4] daha ileri komünist ortak mülkiyet biçimine doğrudan varabilir mi? Yoksa o da, önce, Batı'nın tarihi evrimi olan çözülme sürecinden mi geçmelidir?

Bugün için bu soruya verilebilecek tek cevap şudur: Eğer Rus devrimi Batı'da bir proleter devrimine ışık yakar da bu iki devrim böylece birbirini tamamlarsa, bugünkü Rus ortak toprak mülkiyeti komünist bir gelişim için hareket noktası yerine geçebilir.

Karl Marx - Friedrich Engels
21 Ocak 1882, Londra

4 Köy topluluğu.

1883 Tarihli Almanca Baskıya Önsöz

Elinizdeki baskının önsözünü, ne yazık ki, tek başıma imzalamam gerekiyor. Marx, bütün Avrupa ve Amerika işçi sınıfının bir başkasına olduğundan daha çok şey borçlu olduğu insan, Highgate mezarlığında yatıyor. Mezarının üstünde ilk otlar yeşermeye başladı bile.[1] Onun ölümünden sonra "Manifesto"yu yeniden gözden geçirmek ya da tamamlamak artık hiç söz konusu olamaz. Aşağıdaki hususları burada bir kere daha kesinlikle belirtmeyi bu yüzden daha da gerekli görüyorum:

"Manifesto"ya baştan sona hâkim olan temel düşünce – yani her tarihsel çağın ekonomik üretimi ile onun zorunlu olarak ortaya çıkardığı toplumsal yapının, o çağın siyaset ve düşünce tarihinin temelini teşkil ettiği; dolayısıyla (ilkel ortak toprak mülkiyetinin sona ermesinaden bu yana) bütün tarihin bir sınıf mücadeleleri tarihi, sosyal gelişmenin çeşitli aşamalarında sömürülen sınıflarla sömüren sınıflar, ezilen sınıflarla hâkim sınıflar arasındaki mücadelelerin tarihi olduğu; ama bu mücadelenin bugün vardığı aşamada sömü-

1 Marx, 1883 yılının Mart ayında öldü.

rülen ve ezilen sınıfın (proletaryanın), artık, aynı zamanda bütün toplumu sömürüden, baskıdan ve sınıf mücadelesinden bütün gelecek için kurtarmaksızın, onu sömüren ve ezen sınıfın (burjuvazinin) elinden kendini kurtaramayacağı düşüncesi– bu temel düşünce, tek başına ve yalnızca Marx'a aittir.

Bunu çok kez belirtmişimdir; ama özellikle şimdi, "Manifesto"nun başında da yerini alması gerekiyor.

F. Engels

28 Haziran 1883, Londra

1888 Tarihli İngilizce Baskıya Önsöz

"Manifesto", önceleri yalnız Alman işçilerine açıkken sonradan bütün milletlerin işçilerini içine alan, ve kıta Avrupa'sının 1848-öncesi siyasi koşullarında ister istemez gizli olarak örgütlenen bir işçi kuruluşunun, Komünistler Birliği'nin programı olarak yayınlandı. Birliğin 1847 Kasım ayında Londra'da yapılan bir kongresinde Marx ve Engels'e, yayınlanmak üzere, tam bir teorik ve pratik parti programı hazırlama görevi verildi. 1848 Ocak ayı içinde hazırlanan Almanca elyazması 24 Şubat Fransız Devrimi'nden birkaç hafta önce Londra'da basımevine gönderildi. 1848 Haziran ayaklanmasından kısa süre önce Paris'te bir Fransızca çevirisi yayınlandı. Bayan Helen Macfarlane'in yaptığı İngilizce ilk çeviri 1850'de, Londra'da, George Julian Harney'in *Red Republican* dergisinde yayınlandı. Bu arada Danimarka ve Leh dillerinde baskıları çıkmıştı.

Haziran 1848 Paris ayaklanmasının –proletarya ile burjuvazi arasındaki ilk büyük savaşın– yenilgiye uğraması, Avrupa işçi sınıfının sosyal ve siyasi emellerini bir süre için yeniden arka plana itti. Bundan böyle üstünlük mücadelesi, Şubat Devrimi'nden önce olduğu gibi, sadece mülk sahibi sınıfların ayrı ayrı kesimleri arasında olacaktı; işçi sınıfı, kendine siyaset alanında bir yer bulabilme savaşıyla ve orta sınıf radikallerinin aşırı kanadı olmakla yetinmek zorunda bırakılmıştı. Bağımsız proleter hareketleri, canlılık göstermeye devam ettikleri her yerde amansızca bastırılıyordu. Nitekim Prusya polisi o sıra Köln'de üslenen Komünistler Birliği Merkez Komitesini ortaya çıkardı. Üyeler tutuklandılar, on sekiz ay hapiste kaldıktan sonra 1852 Ekiminde yargılandılar. Bu ünlü "Köln Komünist Davası" 4 Ekim'den 12 Kasım'a kadar sürdü. Mahpuslardan yedisi üç ila altı yıl kalebentliğe hüküm giydi. Kararın hemen ardından Birlik, geri kalan üyeleri tarafından resmen feshedildi. "Manifesto"ya gelince, o da artık unutulmaya mahkûm görünüyordu.

Avrupa işçi sınıfı hâkim sınıflara karşı yeniden saldırıya geçmek için tekrar yeterince güçlendiği zaman Uluslararası İşçi Birliği ortaya çıktı. Ne ki Avrupa ve Amerika'nın tüm savaşçı proletaryasını tek bir kuruluş içinde kaynaştırmak gibi kesin bir amaçla kurulan bu birlik, "Manifesto"da saptanan ilkeleri o anda resmen benimseyemezdi. Enternasyonal; İngiliz sendikaları, Fransa, Belçika, İtalya ve İspanya'daki Proudhon taraftarları ve Almanya'daki Lassalle'cilerin* kabul edebilecekleri kadar geniş bir programa sahip olmalıydı. Marx'ın kaleme aldığı bu program bütün partileri memnun etti. Marx'ın işçi sınıfının zihinsel gelişmesine tam güveni vardı: Bu gelişme, birlikte eylem ve karşılıklı tartışmalar sonucunda mutla-

* Lassalle kendisi bize, her zaman, Marx'ın bir öğrencisi olduğunu söylemiş ve bu anlamda "Manifesto"ya bağlı kalmıştır. Fakat 1862-64 arası siyasi faaliyetinde, devlet kredisiyle desteklenen kooperatif atölyeleri kurulmasını istemekten ileri gitmemiştir. (Engels'in notu.)

ka gerçekleşecekti. Sermayeye karşı verilen mücadelede yer alan olaylar, karşılaşılan durumlar, hatta kazanılan zaferlerden çok uğranılan yenilgiler, her derde deva gözde formüllerin yetersizliğini işçilere ister istemez gösterecek, işçi sınıfının kurtuluşunun gerçek koşullarının daha iyi anlaşılmasına yol açacaktı. Ve Marx haklı çıktı. Enternasyonal 1874'de dağıldığında işçiler 1864'deki işçilerden çok farklıydılar. Fransa'da Proudhon'culuk, Almanya'da Lassalle'cilik silinmek üzereydi; hatta tutucu İngiliz sendikaları bile, çoğu Enternasyonal'le ilişkilerini ne zamandır kesmiş olduğu halde, adım adım, başkanlarının geçen yıl Swansea'de onlar adına, "Kıta sosyalizmi artık ödümüzü patlatmıyor," diyebileceği noktaya yaklaşıyorlardı. Gerçek şuydu: "Manifesto"nun ilkeleri bütün ülkelerin işçileri arasında bir hayli yer etmişti.

Böylece "Manifesto" yeniden ön plana çıktı. Almanca metin 1850'den beri İsviçre, İngiltere ve Amerika'da birkaç kez yeniden basılmıştı. 1872'de New York'ta İngilizceye çevrildi; çeviri *Woodhull and Claflin's Weekly* dergisinde yayınlandı. Bu İngilizce çeviriden yapılan bir Fransızca çeviri New York'da *Le Socialiste*'de çıktı. O zamandan beri, metinden bazı parçalar çıkarılarak iki İngilizce çeviri daha yayınlandı Amerika'da. Bunlardan biri İngiltere'de yeniden basılmıştır. Bakunin'in ilk Rusça çevirisi Herzen'in Cenevre'deki Kolokol basımevinde, 1863[1] sıralarında yayınlandı. Kahraman Vera Zasuliç'in yaptığı ikinci bir çeviride,[2] yine Cenevre'de, 1882'de yayınlandı.

1 Doğru tarih 1869'dur.

2 Çeviri aslında Zasuliç'in değil, Plehanov'undur.

1885'de Kopenhag'da *Social-demokratisk Bibliothek* yeni bir Danimarkaca baskısını, 1885'te Paris'te "Le Socialiste" yeni bir Fransızca çevirisini çıkardı. Bundan bir İspanyolca çeviri hazırlandı ve 1886'da Madrid'de basıldı. Almanca yeni baskıları ise sayısızdır; bugüne kadar en az on iki tane çıkmıştır. Bundan birkaç ay önce İstanbul'da yayınlanması beklenen Ermenice çevirisi, bana söylendiğine göre, yayıncı Marx'ın adını taşıyan bir kitap yayınlamaktan korktuğu, çevirmen de kitabı kendi eseri gibi göstermeye yanaşmadığı için gün yüzüne çıkamamıştır. Daha başka dillere yapılan çeviriler de kulağıma geldi ama onları görmüş değilim. Böylece "Manifesto"nun tarihi, büyük ölçüde, çağdaş işçi sınıfı hareketinin tarihini yansıtır. Şu anda, hiç şüphe yok ki, bütün sosyalist literatürün en yaygın, en uluslararası ürünüdür ve Sibirya'dan Kaliforniya'ya kadar her yerde milyonlarca işçinin benimsediği ortak programdır.

Yine de, yazıldığı sırada *sosyalist* manifesto diyemezdik biz ona. 1847'de sosyalistler denildi miydi, ilkin, çeşitli ütopyacı sistemlerin taraftarları akla geliyordu: İngiltere'de Owen'ciler, Fransa'da Fourier'ciler. Bunların her ikisi de, ne zamandır, sadece birer tarikat durumuna düşmüşlerdi ve yavaş yavaş ortadan siliniyorlardı. Bir de sosyalist diye bilinen bir alay sosyal şarlatan vardı ki bunlar da, derme çatma onarımlar yoluyla, sermayeye ve kâra hiç mi hiç zarar vermeksizin, her türlü sosyal derdi giderme iddiasıyla ortaya atılmışlardı. Her iki halde de işçi sınıfı hareketinin dışında adamlardı bunlar, ve daha çok, "okumuş" sınıflardan destek sağlamaya bakıyorlardı. İşçi sınıfının, salt siyasi devrimlerin yetersizliğine inanan ve toptan bir sosyal değişiklik gereğini resmen benimseyen her kesimi o sıralarda kendisine komünist diyordu. Kaba saba, yontulmamış, salt içgüdüsel bir komünizmdi bu; ama davanın özünü kavramıştı, ve Fransa'da Cabet'nin, Almanya'da Weitling'in başını çektiği Ütopyacı Komünizmi yaratacak kadar güçlüydü işçi sınıfı arasında. 1847'de sosyalizm bir orta sınıf hareketi, komünizm bir işçi sınıfı hareketiydi. Sosyalizm, hiç değilse kıta Avrupa'sında, "itibarlı" sayılıyordu; komünizm bunun tam karşıtıydı. Biz baştan beri "işçi sınıfının kurtuluşu işçi sınıfının kendi eseri olmalıdır" görüşünde olduğumuzdan, bu iki isimden hangisini benimsememiz gerektiği ortadaydı. O günden beri de bu isme sırt çevirmekten her zaman uzak durmuşuzdur.

"Manifesto" bizim ortak eserimiz olsa da, onun çekirdeğini teşkil eden temel önermenin Marx'a ait olduğunu belirtmek zorundayım. Bu önerme şudur: Her tarihsel çağda, yürürlükteki ekonomik üretim ve mübadele tarzı ile onun zorunlu olarak ortaya çıkardığı sosyal örgütlenme, o çağın siyaset ve düşünce tarihinin temelini teşkil eder; o çağın siyaset ve düşünce tarihi ancak bu temelden hareket edilerek açıklanabilir; dolayısıyla, bütün insanlık tarihi (toprakta ortak mülkiyete sahip ilkel kabile toplumunun dağılışından bu yana) bir sınıf mücadeleleri tarihi, sömüren sınıflarla sömürülen sınıflar, hâkim sınıflarla ezilen sınıflar arasındaki mücadelelerin tarihi olmuştur; bu sınıf mücadelelerinin tarihi bir evrimler dizisi teşkil eder, ki bu dizide bugün varılmış olan aşamada sömürülen ve ezilen sınıf -proletarya- aynı zamanda bütün toplumu her türlü sömürüden, baskıdan, sınıf ayrılıklarından ve sınıf mücadelelerinden bütün gelecek için kurtarmadan, sömüren ve hâkim sınıfın -burjuvazinin- hâkimiyetinden kendisini kurtaramaz.

Kanımca, Darwin'in teorisinin biyoloji için gerçekleştirdiğini mutlaka tarih için gerçekleştirecek olan bu önermeye, ikimiz de 1845'ten birkaç yıl önce yavaş yavaş yaklaşmaktaydık. Benim bu yolda tek başıma nereye kadar varmış olduğum en iyi "İngiltere'de İşçi Sınıfının Durumu" adlı kitabımdan anlaşılabilir. Fakat 1845 baharında Marx'la Brüksel'de tekrar buluştuğumda, o bu önermeye kesin biçimini vermişti; hemen hemen benim burada ifade ettiğim açıklıkta getirip önüme koydu.

Almanca 1872 baskısına birlikte yazdığımız önsözden şu parçayı buraya alıyorum:

"Son yirmi beş yıl içerisinde koşullar ne denli değişmiş olursa olsun, bu manifestoda ortaya konan ana ilkeler genel olarak bugün de doğrudur. Şurda burda bazı ayrıntılar üzerinde belki daha çok durulabilir. İlkelerin pratikte uygulanışı, *Manifesto*'da da belirtildiği gibi, her yerde ve her zaman, halihazır tarihi koşullara bağlı olacaktır. Bu nedenle, ikinci bölümün sonunda önerilen devrimci tedbirlere özel bir ağırlık verilmemiştir. Orada yazılanlar, birçok bakımdan, bugün olsa çok başka bir biçimde kaleme alınırlardı. Son yirmi beş yıldır çağdaş sanayinin dev adımlarıyla ilerlediği ve onunla birlikte işçi sınıfının parti örgütünün de gelişip yayıldığı göz önünde tutulacak olursa; ilkin Şubat Devrimi'nde, sonra da proletaryanın ilk kez tastamam iki ay süreyle iktidarı elinde tuttuğu Paris Komünü'nde daha da büyük ölçüde kazanılan pratik tecrübe göz önünde tutulacak olursa, bu program bazı ayrıntılarda eskimiştir. Komün özellikle bir şeyi ispatlamıştır: 'İşçi sınıfı devlet çarkına hazırdan el koyup onu kendi amaçları için kullanamaz.' (Bakınız: *Fransa'da İç Savaş; Uluslararası İşçi Birliği Genel Konseyi Bildirisi*, Londra, Truelove, 1871, s. 15. Orda bu nokta daha enine boyuna işlenmiştir.) Bundan başka, sosyalist literatürün eleştirisinin de günümüz için eksik olduğu açıkça ortadadır, çünkü 1847'den beriye varmamaktadır. Ayrıca, çeşitli muhalefet partileri karşısında Komünistlerin durumu hakkında söylenenler de (dördüncü bölüm), ilke olarak hâlâ doğru olmakla birlikte, pratikte artık eskimiştir; çünkü siyasi durum baştan aşağı değişmiş, tarihi gelişme o bölümde adı geçen siyasi partilerin çoğunu yeryüzünden silmiştir.

"Ne ki *Manifesto* artık tarihi bir belgedir; onu değiştirmeye hakkımız yok."

Bu çeviri Marx'ın "Kapital"inin büyük kısmını çevirmiş olan Bay Samuel Moore tarafından yapılmıştır. Metni kendisiyle birlikte elden geçirdik, ben tarihi atıfları açıklayan birkaç not ekledim.

Friedrich Engels

30 Ocak 1888, Londra

1890 Tarihli Almanca Baskıya Önsöz

Yukarıdaki metin[1] yazıldığından bu yana, "Manifesto"nun yeni bir Almanca baskısını çıkarmak yeniden gerekli olmuştur. Bu arada "Manifesto"nun geçirdiği hayli zengin tarihi gelişimi de burada belgelemek yerinde olur.

İkinci bir Rusça çeviri –Vera Zasuliç[2] tarafından– 1882'de Cenevre'de yayınlandı. O baskının önsözünü Marx'la birlikte yazmıştık. Ne yazık ki ilk Almanca el yazması kayboldu; o yüzden, metne bir yararı dokunmayacağını bile bile, yeni baştan Rusçadan çevirmem gerekiyor[3]. Şöyle deniyordu o önsözde:

"*Komünist Parti Manifestosu*'nun, çevirisi Bakunin tarafından yapılan ilk Rusça baskısı *Kolokol* basımevince 1860 yılları başında yayınlandı. O zaman Batı için bu (Manifesto'nun *Rusça* baskısı) olsa olsa bir edebi garabetti. Bugün artık öyle değildir.

---

1 Engels'in 1883 Almanca baskısına yazdığı önsöz.

2 Çeviri aslında Zasuliç'in değil, Plehanov'undur.

3 Kayıp Almanca elyazması sonradan bulunmuştur. Rusça baskıya önsözün burada Türkçesi verilen İngilizce çevirisi Almanca orijinalindendir.

“Proletarya hareketinin o sıralarda (Aralık 1847) hâlâ ne kadar sınırlı bir kapsamı olduğu, Manifesto’nun, çeşitli ülkelerdeki çeşitli muhalefet partileri karşısında komünistlerin durumunu gösteren son bölümünden açıkça bellidir. Orada, özellikle, Rusya ile Birleşik Devletler’in sözü edilmez. Rusya’nın bütün Avrupa gericiliğinin son büyük yedek gücü olduğu, Birleşik Devletler’in de, göç yoluyla, Avrupa’nın fazlalık proletarya güçlerini yuttuğu dönemdi o zamanlar. Her iki ülke de Avrupa’ya hammadde sağlayan, aynı zamanda Avrupa’nın sanayi ürünlerine pazar olan ülkelerdi. Bu nedenle ikisi de o sırada, şu ya da bu biçimde, Avrupa’da yürürlükte olan düzeni ayakta tutuyorlardı.

“Bugün durum ne kadar farklı! Kuzey Amerika’yı devasa bir tarım üretimine elverişli bir ülke haline getiren, doğrudan doğruya Avrupa göçleri olmuştur. Amerikan rekabeti Avrupa’nın büyük ve küçük toprak mülkiyetini temellerinden sarsıyor. Yine bu göçler, Birleşik Devletler’in korkunç sanayi kaynaklarını öyle bir enerjiyle ve öyle bir ölçüde işletmesini mümkün kılmıştır ki, Batı Avrupa’nın ve özellikle İngiltere’nin bugüne dek süregelen sanayi tekeli yakında mutlaka kırılacaktır. Her iki durum da Amerika’yı devrimci bir yönde etkilemektedir. Bütün siyasi düzenin temeli olan, küçük ve orta çiftçilerin toprak mülkiyeti, dev çiftliklerin rekabeti karşısında adım adım geriliyor; aynı zamanda sanayi bölgelerinde, ilk kez, proletarya yığınları ve akıllara durgunluk veren bir sermaye yoğunlaşması beliriyor.

"Rusya'ya gelince! 1848-49 devriminde yalnız Avrupa'nın prensleri değil, Avrupa'nın burjuvaları da, o yıllarda henüz uyanmaya başlayan proletaryanın elinden yakalarını ancak Rus müdahalesi sayesinde kurtarabilmişlerdi. Çar, Avrupa gericiliğinin başı ilan edilmişti. Bugün Çar, Gaçina'da devrimin savaş esiridir; ve Rusya, Avrupa'da devrimci eylemin öncüsü olmuştur.

"Komünist Manifesto'nun amacı, çağdaş burjuva mülkiyetinin yaklaşmakta olan kaçınılmaz yıkılışını ilan etmekti. Oysa Rusya'da, hızla gelişen kapitalist vurgunculuğun ve henüz gelişmeye başlayan burjuva toprak mülkiyetinin karşısında, toprakların yarıdan fazlasının köylülerin ortak mülkiyetinde olduğunu görüyoruz. Şimdi soru şudur: Bir hayli yıpranmış olmakla birlikte yine de ilkel ortak toprak mülkiyetinin bir biçimi olan Rus obşçina'sı[4], ortak mülkiyetin daha ileri komünist biçimine doğruca varabilir mi? Yoksa o da, önce, Batı'nın tarihi evrimi olan çözülme sürecinden mi geçmelidir?

"Bugün için bu soruya verilebilecek tek cevap şudur: Eğer Rus devrimi Batı'da bir proleter devrimine ışık yakar da bu iki devrim böylece birbirini tamamlarsa, Bugünkü Rus ortak toprak mülkiyeti komünist bir gelişim için hareket noktası yerine geçebilir."

Aşağı yukarı aynı tarihte Cenevre'de yeni bir Lehçe çeviri yayınlandı: *Manifest Komunistyczny.*

Bundan başka, *Social-demokratisk Bibliothek* 1885'de, Kopenhag'da, Danimarka dilinde yeni bir çeviri çıkardı. Yazık ki tam bir çeviri değil bu. Çevirmene güç geldiği

4 Köy topluluğu.

anlaşılan bazı önemli parçalar atlanmış. Ayrıca, yer yer bazı dikkatsizlikler var. Bütün bunlar daha da çok göze batıyor, çünkü çeviriden anlaşıldığı kadarıyla, çevirmen biraz daha çaba harcasaymış ortaya dört başı mamur bir eser çıkarabilirmiş.

Fransızca yeni bir çeviri 1885'te Paris'te *Le Socialiste*'te yayınlanmıştır. Şimdiye kadar yayınlananların en iyisidir. Bu Fransızca metnin İspanyolca çevirisi yine o yıl önce Madrid'de *El Socialista*'da yayınlanmış, sonra broşür hâlinde yeniden basılmıştır. *Manifesto del Partido Comunista* por Carlos Marx y F. Engels, Madrid, Administracion de El Socialista, Hernán Cortés 8.

Bu arada garip bir olaya da değineyim: 1887'de Ermenice bir çevirinin elyazması İstanbul'da bir yayıncıya sunuluyor. Adamcağız Marx'ın adını taşıyan bir kitabı yayınlamayı göze alamıyor, çevirmenden kitaba kendi adını koymasını istiyor, ama o da buna yanaşmıyor.

Az çok yanlış Amerikan çevirilerinden önce biri, sonra bir başkası İngiltere'de tekrar tekrar basılıp durduktan sonra, nihayet doğru bir metin 1888'de yayınlandı. Çeviri, dostum Samuel Moore tarafından yapılmıştı. Metin baskıya verilmeden önce birlikte bir kere daha gözden geçirdik. Şu başlığı taşımaktadır: *Manifesto of the Comunist Party*, by Karl Marx and Frederick Engels. Authorised English Translation, edited and annotated by Frederick Engels. 1888. London, William Reeves, 185 Fleet st., E.C. O baskıdaki notların bir kısmını bu baskıya da aldım.

"Manifesto"nun kendisinin başlı başına bir tarihi oldu. İlk çıktığında bilimsel sosyalizmin o zamanlar sayıları henüz pek fazla olmayan öncülerince heyecanla karşılanmıştı (ilk önsözde sözü geçen çevirilerden de bellidir bu). Çok geçmeden, 1848 Haziranında Paris işçilerinin yenilgiye uğramasıyla başgösteren gericilik tarafından arka plana itildi, ve giderek, 1852 Kasımında Köln komünistlerinin hüküm giymeleriyle "kanun uyarınca" aforoz edildi. Şubat Devrimi'yle başlayan işçi hareketi sahneden çekilince, "Manifesto" da arka plana düştü.

Avrupa İşçi sınıfı hâkim sınıfların iktidarına karşı yeni bir saldırıya geçmek için tekrar yeterince güçlendiği zaman, Uluslararası İşçi Birliği kuruldu. Birliğin amacı, Avrupa ve Amerika'nın tüm savaşçı proletaryasını *tek* bir muazzam ordu içinde kaynaştırmaktı. O yüzden, "Manifesto"da ortaya konulan ilkelerden *hareket edemezdi.* Enternasyonal; İngiliz sendikalarına, Fransız, Belçikalı, İtalyan ve İspanyol Proudhon'cularına ve Alman Lassalle'cilerine kapıyı kapatmayacak bir programa sahip olmalıydı. Bu program –Enternasyonal tüzüğü gerekçesi– Marx tarafından Bakunin ve anarşistlerin dahi takdirlerini kazanan bir ustalıkla kaleme alındı. Marx, "Manifesto"da ileri sürülen fikirlerin nihai zafere ulaşması için, sadece ve ancak, işçi sınıfının birlikte eylem ve tartışma sonunda mutlaka gerçekleşecek olan zihni gelişmesine güveniyordu. Sermayeye karşı mücadelede karşılaşılan olaylar ve durumlar, hatta kazanılan zaferlerden çok uğranılan yenilgiler, her derde deva gördükleri evrensel formüllerin o güne kadarki yetersizliğini savaşçılara göstermekten geri kalmayacak, işçi sınıfının kurtuluşunun gerçek koşullarını adamakıllı anlamaya kafalarını daha yatkın kılacaktı. Marx haklı çıktı. Enternasyonal dağıldığında, 1874'ün işçi sınıfı Enternasyonal'in kuruluş yılı olan 1864'deki işçilerden çok farklıydı. Latin ülkelerinde Proudhon'culuk, Almanya'da kendine özgü Lassalle'cilik kayıplara karışmak üzereydi. Hatta o dönemde tutucuların şahı İngiliz sendikaları bile, 1887 Swansea Kongrelerinde başkanın onlar adına, "Kıta sosyalizmi artık ödümüzü patlatmıyor," diyebileceği noktaya adım adım yaklaşıyorlardı. Ne var ki, 1887'ye kadar kıta sosyalizmi hemen hemen sadece, "Manifesto"da ilan edilen teoriden ibaretti. Bu bakımdan "Manifesto"nun tarihi belli bir ölçüde, 1848'den bu yana çağdaş işçi sınıfı hareketinin tarihini yansıtır. Şu anda hiç şüphe yok ki bütün sosyalist literatürün en yaygın, en uluslararası ürünü, Sibirya'dan Kaliforniya'ya kadar bütün ülkelerde milyonlarca işçinin ortak programıdır.

Yine de, yayınlandığı sırada biz ona bir *sosyalist* manifesto diyemezdik. 1847'de iki çeşit insana sosyalist gözüyle bakılıyordu: Bir yanda çeşitli ütopyacı sistemlerin taraftarları, özellikle İngiltere'de Owen'ciler, Fransa'da Fourier'ciler vardı. Her ikisi de ufala ufala çoktan birer tarikat olmuş çıkmışlardı, ve yavaş yavaş ortadan siliniyorlardı. Öbür yanda, her derde deva evrensel formülleriyle ve her türden derme çatma onarımlar yoluyla, sermayeye ve kâra hiç mi hiç zarar vermeksizin, sosyal dertleri gidermek isteyen bir alay sosyal şarlatan vardı. Her iki halde de işçi sınıfı hareketinin dışında kalmış adamlardı bunlar, ve daha çok, "okumuş" sınıfların desteğini sağlamaya bakıyorlardı. İşçi sınıfının, salt siyasi devrimlerin yeterli olmadığı inancıyla toplum yapısının kökten değişmesini isteyen kesimi ise, o sıralarda kendisine *komünist* diyordu. Daha yontulmamış, salt içgüdüsel, çok kez de kaba saba bir komünizmdi bu, ama iki Ütopyacı Komünizm sistemi yaratacak kadar güçlüydü: Fransa'da Cabet'nin "İkarya" Komünizmi ile Almanya'da Weitling'in komünizmi. 1847'de sosyalizm bir orta sınıf hareketi, komünizm bir işçi sınıfı hareketi anlamına geliyordu. Sosyalizm, hiç değilse kıta Avrupa'sında, az çok itibarlı sayılıyordu; ama komünizm için bunun tam tersi geçerliydi. Biz daha o zamandan, büyük bir kesinlikle, "işçi sınıfının kurtuluşu işçi sınıfının kendi eseri olmalıdır" görüşünü benimsediğimizden, bu iki isimden hangisini seçeceğimiz hususunda hiçbir tereddütümüz olamazdı. O günden beri de bu isme sırt çevirmeyi düşünmedik.

"Bütün ülkelerin işçileri, birleşin!" Bundan kırk iki yıl önce, proletaryanın kendi taleplerini öne sürerek ortaya atıldığı ilk Paris devriminin arifesinde biz bu sözleri dünyaya ilan ettiğimizde pek az yerden ses alabilmiştik. Oysa 28 Eylül 1864'de Batı Avrupa ülkelerinin çoğunun proleterleri, hatırası her zaman şerefle anılacak olan Uluslararası İşçi Birliği'nde el ele verdiler. Gerçi Enternasyonal topu topu dokuz yıl yaşadı. Ama bütün ülkelerin proleterleri arasında onun yarattığı ebedi birliğin hâlâ canlı olduğuna ve her zamankinden daha büyük bir güçle yaşadığına bugünden daha iyi bir tanık olamaz. Çünkü bugün, ben bu satırları yazarken, Avrupa ve Amerika proletaryası ilk kez *tek bir* ordu hâlinde, *tek* bayrak altında, *tek bir* ilk amaç için -Enternasyonal'in 1866 Cenevre Kongresinde ve sonra tekrar 1889 Paris İşçi Kongresinde ilan edildiği üzere sekiz saatlik normal iş gününün yasalaşması için-seferber olmuş savaş güçlerini teftiş ediyor. Bugünkü görkemli manzara bütün ülkelerin kapitalistlerine ve toprak sahiplerine, bütün ülkelerin işçilerinin bugün sahiden birleşmiş olduklarını gösterecektir.

Keşke Marx bunu kendi gözleriyle görmek için şimdi yanımda olsaydı!

F. Engels

1 Mayıs 1890, Londra

1892 Tarihli Lehçe Baskıya Önsöz

Komünist Manifesto'nun Lehçe yeni bir baskısına ihtiyaç duyulmuş olması birçok bakımlardan düşündürücüdür.

Her şeyden önce şu nokta dikkati çekiyor: Son zamanlarda "Manifesto", Avrupa kıtasında büyük sanayinin gelişmesinin bir çeşit kıstası olmuştur. Bir ülkede büyük sanayi geliştiği ölçüde, o ülke işçilerinin mülk sahibi sınıflar karşısında işçi sınıfı olarak durumları hakkında bilgilenme isteği artmakta, sosyalist hareket işçiler arasında yayılmakta, "Manifesto"ya duyulan ihtiyaç büyümektedir. Bu bakımdan, sadece işçi hareketinin durumu değil, büyük sanayinin gelişme derecesi de, her bir ülkede elden ele gezen o ülke dilinde "Manifesto" nüshalarının sayısına bakılarak az çok kesinlikle ölçülebilir.

Buna göre yeni Lehçe baskı, Polonya sanayiinde kesin bir ilerleme olduğuna işarettir. On yıl önce yayınlanan bundan önceki baskıdan bu yana Polonya'da gerçekten böyle bir ilerlemenin yer almış olduğu da şüphesizdir. Rus Polonya'sı, yani Viyana Kongresinin yarattığı Polonya, Rus

İmparatorluğunun başlıca sanayi bölgesi haline gelmiştir. Rus büyük sanayiinin orda burda -bir kısmı Finlandiya Körfezi çevresinde, bir başka kısmı merkezde (Moskova ve Viladimir'de), bir üçüncü kısmı Karadeniz ve Azak Denizi kıyılarında ve daha başkaları başka yerlerde- dağınık olmasına karşılık, Polonya sanayii nispeten ufak bir alana sıkışmıştır ve bu yoğunlaşmadan hem yararlanmakta, hem de zarar görmektedir. Rakip Rus fabrikatörleri, Polonyalıları Ruslaştırmayı o kadar istedikleri halde Polonya'ya karşı himayeci gümrükler konulmasını talep etmekle, bu durumun yararlarının farkında olduklarını göstermişlerdir. Zararı ise -Polonya sanayicileriyle Rus Hükümeti için- Polonya işçileri arasında sosyalist fikirlerin hızla yayılmasında ve "Manifesto"nun gitgide aranır olmasında kendini belli ediyor.

Oysa Polonya sanayiinin Rusya sanayiini geride bırakan bu hızlı gelişmesi, bir yandan da, Polonya halkının bitmez tükenmez canlılığının yeni bir delili, ve Polonya'nın yakın milli kurtuluşunun yeni bir teminatıdır. Üstelik, bağımsız ve güçlü bir Polonya'nın yeniden kurulması yalnız Polonyalıları değil, hepimizi ilgilendiren bir konudur. Avrupa milletlerinin uluslararası yürekten işbirliği ancak bu milletlerin tümünün kendi topraklarında tam bağımsız olmalarıyla mümkündür. Aslına bakılırsa proletaryanın sancağı altında burjuvazinin işini proleter savaşçılara gördürmekten başka bir şey yapmayan 1848 Devrimi, vasiyet infazcıları Louis Bonaparte ve Bismarck eliyle İtalya'nın, Almanya'nın ve Macaristan'ın bağımsızlığını da sağladı; ama 1792'den beri devrime tek başına bu üçünden daha çok yararı dokunmuş olan Polonya, 1863'de kendinden on kat büyük Rus gücü karşısında yenik düştüğünde, kendi başının çaresine bakmaya terk edildi. Soylular, Polonya'nın bağımsızlığını ne koruyabildiler, ne geri alabildiler; bugün burjuvazi için bu bağımsızlık, en azından, önemsizdir. Yine de, Avrupa milletleri arasında uyumlu işbirliği için Polonya bağımsız olmalıdır. Polonya'nın bağımsızlığı ancak Polonya'nın genç proletaryasınca sağlanabilir ve ancak onun elinde güven altındadır. Çünkü bütün Avrupa'nın işçileri Polonya'nın bağımsızlığına Polonyalı işçiler kadar muhtaçtırlar.

F. Engels

10 Şubat 1892, Londra

1893 Tarihli İtalyanca Baskıya Önsöz

İtalyan Okuyucuya

Komünist Parti Manifestosu'nun yayınlanması 18 Mart 1848'le aynı günlere rastladı denilebilir. O gün Milano'da ve Berlin'de devrim yapan, biri Avrupa kıtasının, öbürü Akdeniz'in ortasında iki millet, o güne dek iç bölünme ve çatışma yüzünden güçlerini yitirip yabancı sultası altına düşmüş iki millet, elde silah ayaklanmıştı. İtalya, Avusturya İmparatorluğunun hükmü altındaydı; Almanya, Rus Çarının daha dolaylı olmakla hiç de daha az etkin olmayan boyunduruğunu taşıyordu. 18 Mart 1848'in ilk sonuçları İtalya'yı da, Almanya'yı da bu utanç verici durumdan kurtardı. 1848'le 1870 arasında bu iki büyük millet yeniden toparlanıp nasılsa bellerini doğrultmuşlarsa, bu, Karl Marx'ın hep dediği gibi, 1848 Devrimi'ni bastıran adamların, kendi istekleri hilafına, devrimin vasiyet infazcıları olmalarından ileri gelmiştir.

O devrim her yerde işçi sınıfının eseriydi. Barikatları kuran, devrimin bedelini kendi kanıyla ödeyen, işçi sınıfıydı. Hükümeti devirerek burjuva düzenini yıkmayı kesin olarak amaçlayanlar yalnız Paris işçileriydi. Gelgelelim, onlar kendi sınıflarıyla burjuvazi arasındaki ölümüne çelişkinin bilincindeydiler ama, henüz ne ülkenin ekonomik kalkınması, ne de Fransız işçilerinin çoğunluğunun zihni gelişmesi toplumun yeni baştan kurulmasını mümkün kılacak düzeye erişmişti. Bu yüzden, son tahlilde, devrimin meyvelerini kapitalist sınıf topladı. Öbür ülkelerde, İtalya'da, Almanya'da, Avusturya'da işçiler, daha baştan, burjuvaziyi iktidara getirmekten başka bir şey yapmadılar. Oysa, hiçbir ülkede, milli bağımsızlık olmadan burjuvazinin iktidarı olamaz. Onun için 1848 Devrimi, peşi sıra, o güne dek birliğe ve bağımsızlığa kavuşmamış milletlere birlik ve bağımsızlık getirmek zorunda kalmıştır. Bunlar o zaman İtalya, Almanya ve Macaristan'dı. Şimdi sıra Polonya'dadır.

Böylece 1848 Devrimi, sosyalist bir devrim olmamakla birlikte, sosyalist devrimin yolunu açmış, ona zemin hazırlamıştır. Bütün ülkelerde büyük sanayinin gördüğü teşvik sayesinde burjuva düzeni son kırk beş yıl içinde her yerde kalabalık, yoğun ve güçlü bir proletarya yaratmıştır. Yani burjuvazi, "Manifesto"nun deyimiyle, kendi mezar kazıcılarını yetiştirmiştir. Her bir milletin bağımsızlığı ve birliği yeniden sağlanmadan, proletaryanın uluslararası birliğini ya da bu milletlerin ortak amaçlar uğrunda barışçı ve akıllı işbirliğini gerçekleştirmek mümkün olmayacaktır. 1848 öncesinin siyasi koşullarında İtalyan, Macar, Alman, Polonya ve Rus işçilerinin bir arada, uluslararası eylemi düşünülebilir miydi?

Demek ki 1848'de verilen savaşlar boşuna değildi. O devrimci dönemden bizi ayıran kırk beş yıl da boşuna geçmedi. Meyveler olgunlaşıyor. Benim tek dileğim, "Manifesto"nun yayınlanması uluslararası devrim için nasıl hayırlı olduysa, bu İtalyanca çevirinin yayınlanmasının da İtalyan proletaryasının zaferi için öyle hayırlı olmasıdır.

"Manifesto", kapitalizmin geçmişte oynadığı devrimci rolün hakkını vermekte kusur etmemiştir. İlk kapitalist millet İtalya idi. Feodal Ortaçağın kapanışı ile yeni kapitalist çağın açılışına dev gibi bir kişi damgasını vurdu: Ortaçağın son, çağımızın ilk şairi, bir İtalyan, Dante. Bugün, 1300'de olduğu gibi, yeni bir tarihi çağın eşiğindeyiz. Acaba İtalya bize bu yeni çağın, proletarya çağının doğuşuna damgasını vuracak yeni bir Dante verecek mi?

Friedrich Engels
1 Şubat 1893, Londra

Sözlükçe

Amerika'daki Toprak Reformcuları: İşçi lideri George Henry Evans (1805- 56) tarafından 1844'te Amerika'nın New York kentinde kurulan Ulusal Reform Birliği'nin üyeleri. Toprak reformunu savunan Birlik, aynı zamanda köleliğe karşı çıkıyor, iş gününün kısaltılmasını ve kadınlara eşitlik tanınmasını talep ediyordu. Amerika'daki İç Savaş'tan sonra Birlik üyeleri, liderleri arasında Marx'ın da bulunduğu Uluslararası İşçi Birliği'nin (I. Enternasyonal) Amerikan seksiyonuna katıldılar.

Antik (çağ, toplum): İlkçağdaki uygarlıklarla, özellikle eski Yunan ve Roma uygarlıkları ile ilgili olan (TDK, *Türkçe Sözlük*).

Babeuf, François Noel "Gracchus" (1750-97): İlk devrimci komünist olarak anılan Fransız politik eylemci. Babeuf, Jakoben hareketin 1794'teki yenilgisinden sonra 1789 Fransız Devrimi'nin ideallerine ihanet edildiğine inanıyordu. Daha sonra Eşitlikçiler Komplosu adıyla anılacak olan gizli bir örgüt kurdu. Bu birlik, Mayıs 1796'da hükümete karşı bir ayaklanma çıkarmayı planlarken, Babeuf, ihanete uğradı. Tutuklandı ve 1797'de idam edildi.

Birikmiş emek: Geçmişte harcanan emek tarafından yaratılan zenginlik.

Burjuvazi: "Burjuvazi denince toplumsal üretim araçlarının sahipleri olup ücretli emeği sömüren modern sermayeciler sınıfı anlaşılır." *(Engels)*

Çartistler: İngiltere'de kurulan ilk politik işçi örgütü. 1838'de işçi liderlerinin talep ettikleri politik reformları içeren bildiri için imza kampanyası açmalarıyla başladı. Bildirinin ana talepleri şunlardı: 1- genel oy hakkı, 2- seçim bölgelerinin eşit büyüklükte olması, 3- parlamentoya seçilebilmek için mülk sahibi olma zorunluluğunun kaldırılması, 4- parlamento üyelerine maaş, 5- gizli oy, 6- parlamento seçimlerinin her yıl yapılması. Çartistler, bazen kanlı biçimde bastırılan büyük gösteriler düzenlediler. Çartist hareket, 1840'larda yükselen politik ve ekonomik taleplere yol açan büyük grev dalgasının oluşumunda önemli bir rol oynadı.

Eleştirel - ütopyacı sosyalizm / komünizm: *Bkz.* ütopyacı sosyalizm/ komünizm.

Falansterler: Charles Fourier'nin ideal komünist toplumundaki merkezî binalara verilen ad. Sözcük, aynı zamanda onun önerdiği toplumu (Falanster) da dile getiriyor.

Feodalizm: Kapitalizmden önceki toplumsal sistem. Klasik biçimiyle feodalizm, Avrupa'da sekizinci yüzyılda ortaya çıktı. Feodalizmde, askeri hizmet sunan lordlara verilen toprak (fief) üzerinde serf denilen köylüler çalışmaktaydı. Feodal senyör, köylülerin ürettiği ürünün bir kısmına el koyardı. Başlangıçta köylüler yasal olarak da toprağa, dolayısıyla senyöre bağımlı idiler.

Fourier, Charles (1772-1837): Fransız ütopyacı sosyalisti. "Phalanx" adını verdiği ideal bir toplum önermiştir.

Fransız Devrimi (1789): Modern Avrupa tarihinin en önemli olaylarından biri olan Fransız Devrimi, Fransız parlamentosundaki Üçüncü Zümre'nin burjuvazi liderliğinde, kral 16. Louis ve soyluluğun yetkisini sınırlandırmaya çalışmasıyla başladı. Ancak Paris'teki ezilen yığınların zorlamasıyla hareket devrimcileşti. 1793 yılında kralla birlikte binlerce eski rejim yanlısı idam edildi. 1794'te devrimin radikal dönemi sona erdi. 1799'da ise Napolyon bir darbe ile iktidarı ele geçirerek kendisini imparator ilan etti.

Fransız Meşruiyetçileri (Lejitimistler): 19. yüzyılın ilk yarısında Fransa'da Bourbon hanedanına bağlı olan ve kralların kutsal yönetme hakkını savunan aşırı tutucu monarşistler.

Fransız Radikalleri: 1840'lı yıllarda Fransa'da *Le National* gazetesi çevresinde toplanan ılımlı cumhuriyetçilere verilen ad. 1848 Şubatında monarşinin devrilmesinden sonra "Radikaller", yeni hükümete katılarak halk hareketinin ezilmesi için uğraştılar. (*Bkz.* Reformcular)

Fransız Temmuz İhtilali (1830): Bourbon hanedanı krallarının sonuncusu olan 10. Charles'ın, Paris'teki bir halk ayaklanmasıyla devrilmesi olayı. 10. Charles'ın yerine kralların kutsal yönetme hakkını reddeden Orléans Dükü Louis-Phillippe, başa geçerek anayasal bir monarşi rejimi kurdu. Onun yönetiminde burjuvazi güçlenirken ezilen kitlelerin durumu giderek kötüleşti. Ekonomik bunalımın sonunda patlayan devrim sırasında 1848 Şubat'ında iktidarı kaybetti.

Genç İngiltere-Young England: İngiliz Tory (daha sonra Muhafazakâr) Partisi'nde 1840'larda ortaya çıkan bir fraksiyon. Liderleri Benjamin Disraeli (1804-81) idi. Bu fraksiyon, Sanayi Devrimi'nin acımasızlıklarını eleştiriyor, bunun yerine babacan ve romantik bir feodalizm öneriyordu.

Gerici: Aşırı tutucu kişi. İlerlemeye karşı olan ve tarihin çarkını geriye döndürmek isteyen kişi.

Grün, Karl (1813- 84): Proudhon ile işbirliği yapan Alman "Hakiki" Sosyalisti. (*Bkz.* "Hakiki Sosyalizm")

Guizot, François (1787-1874): Fransız tarihçi ve politikacı. Guizot, 1830 ve 1840'lı yıllarda Louis-Phillippe döneminde bakanlık ve başbakanlık yapan liberal bir kralcı idi. Politikayı bıraktıktan sonra "Fransız Devrimi" adlı önemli bir kitap yazdı.

Gündelikçi: Feodalizmde belli bir çıraklık dönemini tamamlamasına karşın başkasının yanında çalışmayı sürdüren vasıflı işçiler ya da usta zanaatçılar.

Haçlı Seferleri: XI. ve XII. yüzyıllarda, Batılı Hristiyanlarca, kutsal yerleri Müslümanların elinden almayı amaçlayan ve sekiz kez yinelenen savaşlar (TDK, *Tarih Terimleri Sözlüğü*).

"Hakiki" sosyalizm: 1840'larda Almanya'da ortaya çıkan, filozof Moses Hess (1812-75) ile birlikte anılan sosyalist akım. Sınıfsal bir bakış açısı olmayan bu akım, soyut bir insancıllık ve adalet savunuculuğu yapıyordu. Kendilerini "hakiki" sosyalist saymalarının nedeni, kapitalizmi baş düşman olarak gördükleri için Alman feodalitesine karşı burjuvaziyle ittifakı reddetmeleriydi. Marx ve Engels, "Hakiki" Sosyalistlerin, Alman orta sınıflarının çıkarlarını dile getirdiklerini söylüyorlardı.

Hâkim sınıf: Devleti doğrudan ya da dolaylı biçimde kontrol eden, ekonomik olarak toplumda hâkim konumdaki sınıf.

Home (Yurt) kolonileri: Ütopyacı sosyalist Robert Owen'ın İngiltere'de önerdiği ütopyacı topluma verdiği ad.

İş bölümü: Üretim sürecinde, çoğunlukla verimliliği artırmak üzere gündeme getirilen görev dağılımı. Bir bakıma iş bölümü, her ekonomik faaliyette zorunludur. Ancak kapitalizm koşullarında iş bölümü, aşırıya gitme eğilimindedir. Karmaşık görevler, çok basit ve tekdüze bir biçime indirgenir. Zihinsel ve fiziksel (ya da yaratıcı ve yaratıcı olmayan) iş arasında keskin bir ayrım ortaya çıkar.

Jens: Ortak bir atadan geldiklerini kabul eden, kendi aralarında evlenmeyen ve kapalı bir yerleşim alanında oturan insan topluluğu (TDK, *Budunbilim Terimleri Sözlüğü).*

Kadınların ortaklaşalığı: Komünistlerin tek eşli evlilik yerine erkeklerin istedikleri kadınla birlikte olabilecekleri bir toplum düzeni getirmek istedikleri iftirasına dayalı demagojik iddia.

Kapitalist: Sermayenin sahipliği ya da kontrolüyle yaşamını sürdüren kişi.

Kasaba Eşrafı (Pfahlbürger): 1. Ortaçağda: Şehir sınırları dışında oturduğu hâlde hemşehrilik hakkına sahip kimse. 2. mecaz. Dar görüşlü, sıradan biri (TDK, *Almanca-Türkçe Sözlük* [Yaşar Önen ve Cemal Ziya Şanbey]).

Kent soylu: Ortaçağ Avrupa kentlerinde yaşayan yurttaş ya da tüccar.

Komünizm: İş bölümünün ortadan kalktığı, toplumsal üretim araçları üzerindeki mülkiyetin tüm topluma ait olduğu toplum biçimi. Marx'a göre, komünist toplum, "herkesten yeteneğine göre, herkese ihtiyacı kadar" ilkesiyle işleyecektir.

Köylüler: Tarımsal üretici sınıfı oluşturan kiracı ya da küçük çiftçiler.

Krakov Ayaklanması: Polonya, 19. yüzyıl boyunca Avusturya, Prusya ve Rusya'nın işgali altındaydı. 1846 Şubatında Krakov'da Edward Dembowski adında genç bir madencinin önderliğinde yabancı yönetime karşı bir ayaklanma başlatıldı. Ayaklanmanın tüm ülkeye yayılacağı beklentisi vardı. Ancak beklenen olmadı. Avusturya birlikleri Mart'ta ayaklanmayı ezdiler. Ancak hareket tüm Avrupa'da Polonya'ya yönelik bir sempatiye yol açtı.

Küçük burjuvazi: Dar anlamda küçük çiftçiler, dükkâncılar, küçük işletme sahipleri, doktorlar, avukatlar vb. geniş anlamda ise ücretli olarak değil de, kendi üretim araçlarıyla ya da kendi özel becerileriyle çalışarak yaşamını kazananlar. Kapitalistler ile işçiler arasındaki orta kesimi oluştururlar.

Küçük İkarya: Fransız eylemci ve yazar Etienne Cabet'nin (1788-1856) tanımladığı ütopyacı komünist topluma verilen ad. Cabet, bu adı *İkarya'ya Yolculuk* adındaki romanında kullanmıştır.

Lonca: Uğraşları bir olan kimselerin, bir pirin yönetimi altında oluşturdukları özel dernek (TDK, *Tarih Terimleri Sözlüğü* [Bekir Sıtkı Baykal]).

Lümpen proletarya: Kapitalist toplumda, aşırı bunalım ve toplumsal çözülme koşullarında kendi sınıflarından, özellikle proletaryadan koparak gerici ideoloji ve hareketlerin etkisine son derece açık hâle gelen, sınıfsızlaşmış ve "yüzer gezer" yığınlar.

Mafevk: 1. Üst aşamada bulunan. 2. Üst, yukarı (TDK, *Türkçe Sözlük*).

Manifaktür: Marx'ın tanımına göre, teknolojik olarak el sanatları üretimine, emek sürecinin örgütlenişi bakımından iş bölümüne dayalı iş birliği biçimi; modern sanayi öncesi imalat.

Meşruti monarşi: Hükümdarın başında bulunduğu bir yürütme organının yanında, yasama yetkisini kullanan bir parlamentosu da olan yönetim biçimi (TDK, *Tarih Terimleri Sözlüğü*).

Meta: Pazarda satılmak ya da satın alınmak için üretilen ürün (nesne).

Metternich, Klemens Wenzel von (1773-1858): Kırk yıla yakın bir süre Avusturya Dışişleri Bakanlığı yapan gerici politikacı. Napolyon dönemi sonrası Avrupa'nın politik haritasını biçimlendiren Viyana Kongresi'nde (1814-15) önemli rol oynamıştır. Demokrasi ve halk egemenliğinin kararlı bir düşmanıydı.

Mutlak monarşi: Yasa ya da parlamento ile sınırlandırılmamış bir hükümdarın (kral veya kraliçe, şah, padişah...) başta bulunduğu yönetim biçimi. Mutlak monarşi, genellikle hükümdarların kutsal yönetme hakkı doktriniyle birlikte savunulur. Buna göre, hükümdarlar, Tanrı tarafından insanları yönetmek için seçilmişlerdir.

Mübadele: Piyasada emek ürünlerinin doğrudan ya da para aracılığıyla el değiştirmesi.

Mübadele değeri: Pazarda bir meta olarak mübadele sürecine giren bir ürün ya da hizmetin kabaca onun fiyatına denk olan değeri. Marx, *Kapital*'de bir ürünün değişim değeriyle kullanım değerini, yani insanî ihtiyaçları ya da istekleri karşılama kapasitesini birbirinden ayırır.

Mülk edinme tarzı: Verili bir sınıflı toplumda doğrudan üreticilerin fazla emeğine el konulmasının özel biçimi.

Mülkiyet ilişkileri: Bir toplumdaki üretim ilişkilerinin yasal ifadesi.

Müterakki vergi: Matrah arttıkça oranı yükselen vergi (TDK, *Türkçe Sözlük*).

Ortaçağ: Roma İmparatorluğu'nun yıkılmasından sonra (5. yüzyıl) Batı Avrupa'da yaklaşık bin yıl süren dönem. Kabaca feodalizmle eş anlamlı olarak kullanılır.

Owen, Robert (1771- 1958): Ütopyacısosyalist bir sanayici. 19. yüzyılın başında İskoçya'da New Lanark kasabasında işçilerin yararına işleyecek bir fabrika kurdu. Ancak İngiltere ve ABD'deki benzer girişimleri başarısızlıkla sonuçlandı.

Patrisien: Eski Roma soylusu.

Plebler: Eski Roma'da alt sınıfların üyelerine verilen ad.

Proletarya: "Proletarya denince kendi üretim araçlarına sahip olmadıklarından emek güçlerini satmaya muhtaç olan modern ücretli işçiler sınıfı anlaşılır." (Engels)

Proudhon, Pierre-Joseph (1803-65): Kendisini her türden otorite ve hükümetin karşıtı olarak tanımlayan Fransız anarşist düşünür. "Mülkiyet hırsızlıktır" diyen Proudhon, kapitalizme karşıydı. Ne var ki ekonomik kaynakların ortak mülkiyetini değil "bireysel mülkiyeti" savunuyordu. *Manifesto*'da Proudhon "bir burjuva sosyalisti" olarak anılsa da Marx, daha önce, onun düşüncelerinin küçük burjuvazinin çıkarlarını savunduğunu söylemiştir.

Reformcular: 1840'larda *La Réforme* gazetesi çevresinde toplanan "radikal" Fransız cumhuriyetçileri. İçlerinde Louis Blanc gibi ılımlı sosyalistler de vardı. 1848 Devrimi'nden sonra sağa çark ettiler. *(Bkz.* Fransız Radikalleri)

Restorasyon Dönemi: Napolyon Bonapart'tan sonra Avrupa'yı yeniden eski biçime sokma çabalarının ortaya çıkarttığı zaman kesimi (TDK, *Tarih Terimleri Sözlüğü*).

Riyazet: Nefsin isteklerini kırma (TDK, *Türkçe Sözlük*).

Saint-Simon, Claude-Henri de Rouvroy, Comte de (1760-1825): Fransız ütopyacı sosyalisti. Modern bilim tarafından planlanan bir sistemle toplumun yoksul sınıflar yararına yeniden örgütlenmesini önermişti. Devrime karşıydı. Gerici Louis-Philippe'e düşüncelerini hayata geçirmesi için çağrıda bulunmuştu.

Serf: Sağladığı korumanın karşılığı olarak feodal senyör için çalışmak zorunda olan, toprağa bağlı köylü.

Sermaye: Kâr elde etmek amacıyla ekonomik faaliyet için yatırılan servet ya da para. Sermaye, ücretli emeğe bağlıdır; çünkü kâr, işçilere ürettiklerinden daha az bir değer ödenerek elde edilir. Sermaye kavramı, bazen bir bütün olarak kapitalist sınıfı ifade etmek için de kullanılır.

Sınıf: Marx ve Engels'in anlayışına göre kişinin sınıfsal konumu, toplumdaki üretim sürecinde tuttuğu yer ile belirlenir. Doğrudan üreticiler (köleler, köylüler, ücretli işçiler), yalnızca kendi geçimlerini sağlamak için değil, aynı zamanda üretim araçları sahiplerinin (köle sahibi, feodal lord ya da kapitalist) geçimini sağlamak için de üretmek zorunda bırakılırlar. Sınıfsal ilişki, antagonist (uzlaşmaz) yapısı nedeniyle Marx'ın "tarihin dolaysız itici gücü" olarak tanımladığı sınıf mücadeleleri ve direnişlere yol açar.

Sismondi, Jean-Charles (1773-1842): Kapitalizmin ilk ciddi eleştirisini yapan İsviçreli tarihçi ve ekonomi politikçi. Sismondi, üretilen ürünler karşısında yetersiz talep bulunduğu için kapitalist bunalımların kaçınılmaz olduğunu öne sürmüştü. Rekabeti düzenlemek ve küçük üreticileri korumak için hükümet müdahalelerini savunmuştu.

Sosyalizm: Marx ve Engels, bu terimi bazen geniş anlamıyla kapitalizm tarafından yaratılan sorunlara toplumsal çözümler bulmaya çalışanlar için kullanmışlardır. Dar anlamdaysa bu terim, işçi sınıfının egemen olduğu bir toplum biçimini dile getirir. Sosyalizm, sınıfsız komünist topluma geçişin bir evresi olarak düşünülür. Bu dönemde özel mülkiyet ve devlet mülkiyetinin değişik dereceleri olabilir.

Teşrih: 1. Bir sorunu veya konuyu ele alıp en ince noktalarına kadar gözden geçirerek anlatma, açımlama. 2. Anatomi (TDK, *Türkçe Sözlük*)

Totoloji: Aynı içeriği aynı anlamda türlü sözcüklerle anlatma (*Felsefe Terimleri Sözlüğü* [Bedia Akarsu]).

Tribü: Aynı dili konuşan, aynı kurumlara, geleneklere, göreneklere sahip, ortak bir yerleşme alanı olan ve ortak bir kökten gelen birkaç jens'in özerk bir toprak üzerinde oluşturdukları budunsal (etnik) birlik (TDK, *Budunbilim Terimleri Sözlüğü).*

Ücretli emek: Üretim araçlarına sahip olmayan ve yaşamak için emek güçlerini (iş yapabilme becerilerini) satmak zorunda olan işçiler.

Üçüncü Zümre: Feodal Fransa'da ruhban sınıfına (Birinci Zümre) ve soylular sınıfına (İkinci Zümre) üye olmayan toplumun büyük kesimine (işçiler, köylüler, küçük burjuvazi, burjuvazi vb.) verilen ad. Üçüncü Zümre'nin Fransız parlamentosunda daha fazla güç talebi Fransız Devrimi'ne varacak gelişmeleri başlatmıştı.

Üretici güçler: İnsanın emek gücü ile bilgisi ve (üretimin insani olmayan fiziksel girdilerini oluşturan) üretim araçlarının birlikte oluşturdukları bütün.

Üretim aletleri: Üretim sürecinde kullanılan aletler ve teknoloji. Üretici güçlerin bir parçası olan üretim araçlarının bir bölümünü oluşturur.

Üretim araçları: Üretimde kullanılan, insan dışındaki fiziksel öğeler (hammaddeler, hayvanlar, toprak, binalar, aletler, teknoloji vb.).

Üretim tarzı: Bir toplumdaki üretici güçler ile üretim ilişkilerinin özgül bileşimi. Feodalizm, bir üretim tarzını temsil eder, kapitalizm bir başkasını, komünizm bir başkasını vb.

Üretim ilişkileri: Maddi yaşamın yeniden üretilmesi ve üretim sürecinde yer alan bireyler ve gruplar arasında varolan ilişkiler ağı. Buradaki önemli nokta, toplumsal artık ürünü hangi toplumsal grubun kontrol ettiği ve hangi grubun üretimden sorumlu tutulduğudur. Dolayısıyla üretim ilişkileri, bir toplumun sınıfsal yapısını ve sınıflar arasındaki ilişkileri belirler. Üretim ilişkileri, gerçek maddi ilişkilerdir, ancak yasal bir sistemde yasal terimlerle dile getirilirler.

Ütopya: İdeal, ama uygulanması olanaksız olan.

Ütopyacı sosyalizm/komünizm: Saint- Simon (1760-1825), Robert Owen (1771-1858), Charles Fourier (1772-1837), Etienne Cabet (1788- 1856) vb. düşünürlerin düşüncelerinin toplamından ortaya çıkan anlayış. Bu düşünürler, erken kapitalizmin acımasız sonuçlarını sert bir biçimde eleştirdiler. Ancak önerdikleri alternatifler, ideal bir toplum kurmayla ilgili ham hayallere dayanıyordu.

Vasallar: Feodal serfler.

Yeni Kudüs: (Ortaçağın sonlarında bir kısım Hristiyanların inancında) Öbür dünya, cennet.

Not: Bu sözlükçe oluşturulurken, Phil Gasper'ın *The Communist Manifesto: A Road Map to History's Most Important Political Document* (Haymarket, Chicago, 2005) adlı kitabından yararlanılmıştır.

Sosyalist Cep Kitapları

FELSEFE İNCELEMELERİ
KARL MARX - FRIEDRICH ENGELS
•
Sosyalist Dünya Görüşü MARKSİZM
HENRI LEFEBVRE
•
MARKSİST İKTİSAT EL KİTABI
Çeviri: Nail Satlıgan
•
MARKSİZM NEDİR?
EMILE BURNS
•
MARKSİZM ÜZERİNE DÖRT DERS
PAUL SWEEZY
•
MARKSİZME SIRA DIŞI BİR GİRİŞ
BERTELL OLLMAN
•
DİYALEKTİK MATERYALİZME GİRİŞ
AUGUST THALHEIMER
•
TARİHİN YAPILARI: Tarihsel Materyalizme Giriş
BERNHARD BROSIUS
•
KÖKTENDİNCİLİK NEDİR?
DOMENICO LOSURDO
•
MARKSİZMİN 100 KAVRAMI
G. DUMÉNIL, M. LÖWY, E. RENAULT
•
KARL MARX VE MARKSİZM ÜZERİNE
V. İ. LENİN
•
FELSEFE EL KİTABI
B. I. SUSLAKOV - L. A. YAKOVLEVA
•
YENİ BAŞLAYANLAR İÇİN KAPİTAL
MIKE WAYNE
•
DEVLET ÜZERİNE
V. İ. LENİN